Ruth Bohnenkamp

Sich trauen

Recht, Steuern, Finanzen. Was sich durch die Heirat alles ändert

Inhaltsverzeichnis

Was wollen Sie wissen?

Sie möchten heiraten und wissen nicht so genau, was das rechtlich und finanziell bedeutet? Der nachfolgende Kurzratgeber gibt Ihnen einen schnellen Überblick über wichtige Fragen. Ausführliche Informationen und Fallbeispiele finden Sie in den nachfolgenden Kapiteln.

Sparen wir durch die Heirat Steuern?

Ehepartner erfahren beim Finanzamt ab dem Jahr der Heirat eine Vorzugsbehandlung. Größter Vorteil: Sie können vom günstigen Ehegattensplitting profitieren. Dafür müssen Sie die Steuerklasse wechseln. Je größer das Gefälle zwischen den Einkommen der Ehepartner, desto größer der Steuervorteil durch den Splittingtarif. Verdienen beide ungefähr gleich viel, kann es allerdings sein, dass am Ende doch nicht mehr Geld in der Haushaltskasse landet als vor dem Gang zum Standesamt. Ausführliche Informationen und Tipps, was Sie dabei beachten sollten, damit Sie kein Geld verschenken, finden Sie im Abschnitt „Lohn- und Einkommensteuer“, S. 66.

Auch bei der Erbschaft- und Schenkungsteuer genießen Verheiratete Privilegien: Wenn ein Ehepartner den anderen beerbt, erhält er einen Freibetrag in Höhe von mindestens 500 000 Euro. Partner ohne Trauschein, die sich gegenseitig beerben, erhalten lediglich einen Freibetrag von 20 000 Euro. Mehr dazu siehe „Erbschaft und Schenkung“, S. 74.

Ich besitze eine Wohnung. Gehört sie nach der Heirat zur Hälfte meinem Mann?

Nein, Vermögen, das ein Partner zu Beginn der Ehe hat, gehört weiterhin ausschließlich ihm. Die Wohnung bleibt also Ihr persönliches Vermögen, das durch die Heirat nicht angetastet wird. Falls es zur Scheidung kommen sollte, bleibt die Wohnung beim Zugewinnausgleich (also dem Vermögensausgleich) außen vor. Das gilt aber nicht für einen eventuellen Wertzuwachs: Steigt die Wohnung während der Ehe im Wert, etwa weil die Immobilienpreise explodieren oder die Gegend schicker wird, ist dieser Wertzuwachs Ihr Zugewinn. Bei einer Scheidung steht die Hälfte davon Ihrem Mann zu. Wenn Sie das nicht möchten, können Sie das in einem Ehevertrag anders regeln. Ausführliche Informationen dazu finden Sie im Abschnitt „Regelungen zum Vermögen“, S. 145.

Erbt mein Ehemann einmal mein Vermögen?

Anders als Paare ohne Trauschein haben Verheiratete einen Erbanspruch, wenn der Ehepartner verstirbt. Die Höhe des Anteils hängt vom Güterstand ab, in dem Sie leben, außerdem davon, ob Sie Kinder haben oder nicht. Wenn Sie keinen Ehevertrag schließen, leben Sie im Güterstand der Zugewinngemeinschaft. In diesem Fall gilt: Sterben Sie kinderlos, erbt Ihr Ehepartner drei Viertel Ihres Vermögens. Das übrige Viertel geht an Ihre Eltern, sofern sie noch leben, oder an Ihre Geschwister. Haben Sie Kinder, erbt Ihr Ehepartner die Hälfte. Wenn Sie diese Erbfolge nicht wünschen, können Sie in einem Testament andere Erben einsetzen. Ihrem Ehepartner steht aber in jedem Fall ein Mindestanteil am Erbe zu, der Pflichtteil. Mehr dazu siehe „Erben selbst bestimmen“, S. 118.

Meiner zukünftigen Frau wurde gekündigt. Muss ich für ihren Unterhalt aufkommen?

Ja, wenn sie keinen neuen Job findet. Mit der Eheschließung entsteht ein wechselseitiger Unterhaltsanspruch. Wer sich standesamtlich trauen lässt, entscheidet sich für eine rechtlich abgesicherte Form des Zusammenlebens. Ein Ausdruck der dadurch entstehenden ehelichen Solidarität ist die gegenseitige Unterhaltspflicht. Ehegatten sind gehalten, in Notfällen wie zum Beispiel bei Krankheit oder Jobverlust alle verfügbaren Mittel miteinander und – falls Kinder hinzukommen – mit der Familie zu teilen. Wie Eheleute ihre finanziellen Belange regeln, bleibt jedoch ihre höchst persönliche private Sache. Der Staat hält sich dabei grundsätzlich heraus. Nur im Trennungsfall greifen die gesetzlichen Unterhaltspflichten, wenn die Partner sich über den Unterhalt nicht einvernehmlich verständigen können. Mehr dazu siehe „Füreinander einstehen“, S. 53.

Kann mein Ehepartner für mich handeln, wenn ich das nicht kann?

Nein, anders als viele langjährig Verheiratete glauben, vertreten sich Ehepartner nicht automatisch in persönlichen Belangen. Falls ein Partner zum Beispiel wegen eines Unfalls oder einer schweren Krankheit nicht mehr in der Lage sein sollte, selbst über medizinische Eingriffe, sein Vermögen und andere ihn betreffende Fragen zu entscheiden, wird das Gericht eingeschaltet, sofern keine Vorsorgevollmacht vorliegt. Daher sollten Sie unbedingt beide eine Vorsorgevollmacht erstellen. Darüber hinaus ist eine Betreuungsverfügung sinnvoll. So sorgen Sie für zusätzliche Sicherheit, falls das Gericht trotz der Vollmacht eine Betreuung einrichten muss. Mehr dazu siehe „Eine Vorsorgevollmacht verfassen“, S. 116.

Was ändert sich bei Rente und Pension?

Was die Auszahlung der Renten und Pensionen angeht, grundsätzlich nichts. Derjenige Partner, der als Angestellter oder Beamter Anwartschaften für die Zeit im Ruhestand erwirbt, erhält diese beim Eintritt in den Ruhestand ausgezahlt. Solange die Ehe funktioniert, ist es nicht erforderlich, eine Teilung vorzunehmen, da Verheiratete aufgrund der ehelichen Solidarität zum gegenseitigen Unterhalt verpflichtet sind. Somit dient die – von welchem Partner auch immer – erwirtschaftete Rente der gemeinsamen Haushaltsführung im Alter. Im Fall der Scheidung werden alle während der Ehe erworbenen Anwartschaften im Rahmen des Versorgungsausgleichs geteilt. Mehr zum Versorgungsausgleich siehe „Regelungen zur Altersvorsorge", S. 148.

Beamte erhalten ab der Heirat Zuschläge zum Gehalt. Dies führt indirekt zu einer Erhöhung der Pensionsansprüche im Alter, da durch die höheren Bezüge die Anwartschaften steigen.

Mein Partner zahlt einen Kredit ab. Hafte ich dann dafür mit?

Nein, durch die Heirat werden Sie nicht automatisch zum Mitschuldner beziehungsweise Mithaftenden für Schulden, die Ihr Ehepartner aufgenommen hat. Auch nach der Trauung muss nur er allein für seine Schulden einstehen. Sie werden allenfalls beim Zugewinnausgleich berücksichtigt, falls es zur Scheidung kommt. Bei demjenigen, der mit Schulden in die Ehe geht, schlagen sie als sogenanntes negatives Anfangsvermögen zu Buche. Vorbeugen sollten Sie allerdings, falls Ihr Partner so hoch verschuldet ist, dass es zu Pfändungen kommen kann. Mehr dazu siehe „Was sich beim Vermögen ändert", S. 44.

Bin ich abgesichert, falls meinem Ehepartner etwas zustößt?

Nein, nicht automatisch. Ein Anspruch auf eine Hinterbliebenenrente (Witwen- oder Witwerrente) aus der gesetzlichen Rentenversicherung besteht nur, wenn der verstorbene Partner die allgemeine fünfjährige Wartezeit in der Rentenversicherung erfüllt hat. Sie müssen außerdem mindestens ein Jahr verheiratet gewesen sein. Und auch dann fließt die Hinterbliebenenrente nur unter der Bedingung, dass Sie nicht wieder heiraten, denn in diesem Fall verlieren Sie Ihre Ansprüche. Höhe und Dauer der Rentenzahlung hängen außerdem davon ab, wie alt Sie beim Tod Ihres Ehepartners sind und ob Sie eigene oder Kinder des Verstorbenen betreuen. Ihre eigenen Einkünfte werden zudem zum Teil angerechnet. Auch wenn Sie einen Beamten heiraten, haben Sie nicht automatisch einen Anspruch auf Witwen- oder Witwergeld. Welche Voraussetzungen gelten, lesen Sie im Kapitel „Hinterbliebene zusätzlich privat absichern“, S. 124.

Mein Partner ist Franzose. Was müssen wir beachten?

Wichtig ist, dass Sie die Vorbereitungen für die Hochzeit frühzeitig angehen und auch sorgfältig prüfen, welches Eherecht für Sie gilt: deutsches Recht oder das französische? Wenn Sie beide Ihren gewöhnlichen Wohnsitz in Deutschland haben, greift deutsches Recht. Wenn nicht, gilt unter Umständen das französische. Selbst in anderen EU-Ländern kann sich das Eherecht deutlich vom deutschen unterscheiden. In einem Ehevertrag können Sie dafür sorgen, dass deutsches Recht gilt – sofern Sie beide dies möchten. Mehr zu allen Fragen rund um binationale Ehen finden Sie im Kapitel „Liebe über Ländergrenzen“, S. 131.

Wie kann ich für den Fall der Scheidung vorsorgen?

Durch einen umfassenden Ehevertrag. Darin lassen sich sämtliche Folgen für den Fall der Trennung und Scheidung schon vor dem Gang zum Standesamt regeln. Sie können einen Ehevertrag aber auch noch später schließen. Ohne eine solche Vereinbarung greifen automatisch die Regelungen, die das Bürgerliche Gesetzbuch vorsieht. Das heißt: Wer heiratet, lebt im Güterstand der Zugewinngemeinschaft. Kommt es zur Scheidung, wird automatisch (mit Ausnahme von Ehen, die weniger als drei Jahre bestanden haben) der Versorgungsausgleich durchgeführt. Darüber hinaus ist genau geregelt, ob und in welcher Höhe Unterhaltsansprüche bestehen. Informationen dazu und Beispiele für Eheverträge finden Sie im Kapitel „Eigene Regeln aufstellen", S. 141.

Müssen wir bei unseren Versicherungen etwas tun?

Bei der Haftpflicht-, Hausrat- und der Gebäudeversicherung ist der im gleichen Haushalt lebende Ehepartner im Regelfall automatisch mitversichert. Hatten Sie vor der Trauung beide einen eigenen Vertrag, können Sie sich einen davon sparen und ihn kündigen. Das können aber auch bereits Paare ohne Trauschein. Besonderheiten sind bei der Krankenversicherung zu beachten: Gesetzlich Krankenversicherte profitieren ab der Heirat von den Vorteilen der Familienversicherung. Das heißt: Falls ein Partner kein oder nur ein sehr geringes Einkommen erzielt und daher keine Pflichtbeiträge zur Krankenversicherung zahlt, kann er sich über den Hauptverdiener mitversichern. Dasselbe gilt für die gemeinsamen Kinder im Haushalt. Wer einen Beamten heiratet, erhält unter bestimmten Voraussetzungen einen eigenen Beihilfeanspruch und kann sich so günstig privat krankenversichern. Mehr dazu siehe Kapitel „Versicherungen optimieren", S. 77.

Warum heiraten?

„Aus Liebe" ist sicher das wichtigste Motiv. Die Ehe dokumentiert für jeden sichtbar Ihre Zusammengehörigkeit. Daneben gibt es aber auch rechtliche und finanzielle Gründe, die für den Gang zum Standesamt sprechen.

Sie haben Ihre Liebe fürs Leben gefunden, sind aber unsicher, ob Sie den Gang zum Standesamt tatsächlich antreten sollen? Vielleicht leben Sie schon seit Jahren mit Ihrem Partner ohne Trauschein zusammen, und es klappt auch so bestens? Warum also heiraten? Möglicherweise drängelt Ihr Partner, doch endlich Fakten zu schaffen? Egal, ob Hochzeitsgedanken bei Ihnen selbst oder im Freundeskreis aufkommen: In jedem Fall ist es ratsam, sich vor dem Gang zum Standesamt über die Rechtsfolgen der Heirat zu informieren. Denn nüchtern betrachtet ist die Ehe ein Vertrag – mit klar definierten Rechten und Pflichten.

Es gibt gute Gründe, die für die Ehe anstelle der nicht ehelichen Partnerschaft sprechen. Diese stellen wir in diesem Kapitel vor. Das wichtigste Motiv für die meisten: Mit der Heirat demonstrieren sie öffentlich ihre Verbundenheit. Ein rauschendes Fest feiern, eine unvergessliche Hochzeitsreise unternehmen, sich jedes Jahr auf einen schönen Hochzeitstag freuen, „mein Mann" beziehungsweise „meine Frau" sagen können – auch das kann Liebespaare dazu bewegen zu heiraten. Aber es gibt auch profane rechtliche und finanzielle Gründe, die für eine Ehe sprechen können.

Gerade über diese rechtlichen und finanziellen Folgen der Eheschließung herrschen erstaunlich viele Irrtümer. Diese möchten wir vor dem Gang zum Standesamt ausräumen. Der Grund: Wenn Sie wissen, worauf Sie sich einlassen und was tatsächlich gilt, können Sie handeln und Ihr Zusammenleben nach der Hochzeit entsprechend planen. Gemeinsam mit Ihrem Partner können Sie eigene Regeln aufstellen und so mögliche Fallstricke umgehen.

Fünf gute Gründe für die Ehe

Der Gang zum Standesamt kann zusätzliches Geld ins Portemonnaie spülen und mehr Sicherheit bringen. Die wichtigsten Pluspunkte für die Ehe haben wir hier kurz zusammengefasst.

Was sind gute Gründe fürs gemeinsame Jawort? Laut einer Umfrage von TNS Emnid im Auftrag der Zeitschrift Chrismon ist die Hochzeit für die meisten (64 Prozent) vor allem eines: das feierliche Liebesversprechen vor Zeugen. Aber auch die Finanzen spielen eine wichtige Rolle. 40 Prozent sehen die finanzielle Absicherung bei einem Unglücksfall als Vorteil an. 30 Prozent denken ganz pragmatisch ans Steuersparen. Ebenso viele sehen den göttlichen Segen für die Beziehung als gewichtigen Grund. Für 34 Prozent gehört eine Heirat ganz grundsätzlich dazu, weil man sonst keine richtige Familie sei. Und jeder vierte Deutsche glaubt, dass eine Heirat dabei hilft, dass man sich nicht so leicht trennt.

Die Ehe ist rechtlich betrachtet ein „sicherer Hafen"

So lernen es Jurastudenten in ihren Vorlesungen. Ehe und Familie stehen unter dem besonderen Schutz des Grundgesetzes. Mit dem Jawort vor dem Standesamt entstehen kraft Gesetzes Rechte, aber auch Pflichten. Diese beruhen auf dem Grundgedanken, dass Ehegatten füreinander einstehen, sich gegenseitig unterstützen, Freud und Leid teilen. Natürlich können auch Paare ohne Trauschein eine vergleichbare Beziehung führen. Jedoch steht ihr Zusammenleben nicht unter einem besonderen rechtlichen Schutz. Was dies heißt, wird insbesondere deutlich, wenn die Beziehung scheitert und die Partner auseinandergehen. Dann greifen

– anders als bei Trennung und Scheidung von Verheirateten – keine speziellen Vorschriften, die regeln, wer wem Unterhalt schuldet, wie das Vermögen und Rentenansprüche auszugleichen sind. Dies benachteiligt insbesondere den wirtschaftlich Schwächeren, der beispielsweise wegen der Kinder seine berufliche Karriere weniger stark vorantreiben konnte als der andere Partner.

Verheiratete profitieren von der günstigen Mitversicherung

Ist ein Partner gesetzlich krankenversichert, können Ehepartner von der günstigen Familien-Mitversicherung profitieren. Allerdings dürfen sie lediglich einer geringfügigen Beschäftigung mit einem Verdienst von nicht mehr als 450 Euro im Monat nachgehen, damit sie kostenlos mitversichert werden können. Vorteil: Statt zweimal Krankenversicherungsbeiträge fallen nur einmal Beiträge an. Auch Kinder werden kostenlos in die Familien-Mitversicherung aufgenommen. Aber Vorsicht, hier gibt es eine Ausnahme: Ist der Hauptverdiener privat krankenversichert, können Kinder meist nicht kostenlos mitversichert werden, auch wenn der Ehepartner gesetzlich krankenversichert ist. Mehr dazu siehe „Krankheit und Pflege“, S. 78).

Beamte erhalten Gehaltszuschläge

Für Beamte gibt es ein besonderes Bonbon: Heiraten sie, steigt ihr monatliches Einkommen, weil sie nach den Vorschriften zur

100

VON HUNDERT BRAUTPAAREN

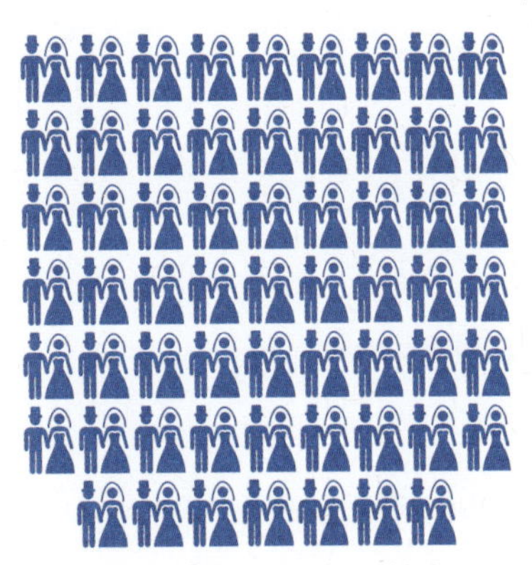

... haben **61** zwischen Heiratsantrag und Hochzeit maximal ein Jahr verstreichen lassen.

... haben sich **25** auch kirchlich trauen lassen.

... haben **4** die Hochzeit nur zu zweit gefeiert.

Quellen: Deals.com, Statistisches Bundesamt, Zalando

Beamtenbesoldung einen Verheiratetenzuschlag zu ihrem Grundgehalt bekommen. Ihr Beihilfeanspruch – das ist der Anteil, den der Dienstherr für Arztrechnungen und Medikamente im Krankheitsfall übernimmt – ändert sich durch die Heirat hingegen nicht. Er bleibt zunächst bei 50 Prozent der Krankheitskosten.

Wenn Sie als Nicht-Beamter einen Beamten heiraten, erhalten Sie ebenfalls einen Beihilfeanspruch, der sogar 70 Prozent beträgt. Dasselbe gilt für die Kinder, für die der Beihilfeanspruch auf 80 Prozent der Krankheitskosten steigt. Unterm Strich kann sich eine Familie wegen der hohen Beihilfesätze günstig privat versichern, wenn die Partner den Gang zum Standesamt antreten.

Verheiratete können oft kräftig Steuern sparen

Vom günstigen Splittingtarif bei der Einkommensteuer profitieren nur Verheiratete. Sobald ein Partner mehr als der andere verdient, bringt der Tarif echte Steuervorteile. Nur wenn das Einkommen beider Partner in etwa gleich hoch ist, lohnt sich die Heirat steuerlich betrachtet nicht.

Zu beachten sind neben dem Splittingtarif bei der Einkommensteuer aber auch noch die Steuervorteile bei der Erbschaft- und Schenkungsteuer. Verheiratete, die sich gegenseitig beschenken oder beerben, erhalten einen Freibetrag von mindestens 500 000 Euro. Wer seinen Ehepartner schon zu Lebzeiten beschenkt, kann ihm alle zehn Jahre Vermögen im Wert von 500 000 Euro steuerfrei zuwenden. Partnern ohne Trauschein erteilt der Fiskus lediglich 20 000 Euro Freibetrag sowie höhere Steuersätze. In Anbetracht der Tatsache, dass immer größere Vermögen von einer Generation zur anderen übergehen, kann eine Heirat zu beachtlichen Steuervorteilen bei der Erbschaft- und Schenkungsteuer führen.

Nur für Verheiratete gibt es einen Hinterbliebenenschutz

Stößt einem Partner etwas zu, erhalten Verheiratete in vielen Fällen eine Hinterbliebenenversorgung. Anspruch auf eine Witwen- oder Witwerrente können Sie haben, wenn Ihr Partner Beiträge in die gesetzliche Rentenversicherung einzahlt. Zwar ist die Rente von der Dauer und Höhe der geleisteten Beiträge abhängig und fällt meist auch nicht allzu üppig aus. Dennoch besteht zumindest ein Anspruch auf Hinterbliebenenschutz, den unverheiratete Partner überhaupt nicht haben. Für Beamte gibt es das Witwen- beziehungsweise Witwergeld, das etwas großzügiger bemessen ist als die Hinterbliebenenversorgung der gesetzlichen Rentenversicherung. Auch in den Versorgungswerken für Freiberufler gibt es eine Hinterbliebenenrente. Insbesondere bei Partnern im mittleren oder höheren Alter ist der Hinterbliebenenschutz ein echtes Argument für den Gang zum Standesamt – und für Noch-Verheiratete ein gewichtiges Argument, von einer Scheidung abzusehen.

Irrtümer über die Ehe – und was stimmt

Umfragen zeigen: Über die Ehe kursieren viele falsche Vorstellungen. Wir stellen Ihnen einige Irrtümer vor, denen Sie nicht unterliegen sollten.

Es gibt nichts Schöneres als die Liebe. Wer den Entschluss fasst zu heiraten, sollte sich natürlich in erster Linie von seinem Bauchgefühl leiten lassen. Das schließt aber nicht aus, auch den Kopf einzuschalten. Vielleicht hätten Sie einiges anders gemacht, wenn Sie nur gewusst hätten, was tatsächlich gilt.

Bevor du heiratest, habe beide Augen offen, doch hinterher drücke eines zu.

Jamaikanisches Sprichwort

Uns gehört dann alles gemeinsam

Das stimmt nicht. Durch die Heirat ändert sich nichts an den Vermögensverhältnissen der Partner. Nur wenn Sie vor einem Notar Gütergemeinschaft vereinbaren, was heute niemand mehr tut, gilt etwas anderes. Das heißt: Vermögen, das sie mit in die Ehe bringt, gehört weiter ihr; Vermögen, das er mit in die Ehe bringt, gehört weiter ihm. Das gilt auch nach der Trauung. Beispiel: Der Ehemann kauft sich ein Motorrad. Dieses gehört ihm allein, weil nur er den Kaufvertrag unterschrieben hat. Falls es aber zur Scheidung kommt, wird der Wert aller von ihr oder von ihm während der Ehe angeschafften Vermögensgegenstände gleichmäßig auf beide Expartner verteilt. Der Ehemann müsste dann seiner Frau den Wert des Motorrads zur Hälfte auszahlen.

Stößt meinem Ehepartner etwas zu, bin ich gut abgesichert

Das gilt keineswegs immer. Ob überhaupt und in welcher Höhe Ansprüche auf eine Hinterbliebenenrente aus der gesetzlichen Rentenversicherung, der Beamtenversorgung oder einem berufsständischen Versorgungswerk bestehen, hängt von mehreren Voraussetzungen ab. Entscheidend ist in erster Linie, wie lange und in welcher Höhe für den verstorbenen Partner Beiträge in die Versicherung geflossen sind. Gerade bei jungen Paaren, die bisher kaum Beiträge geleistet haben, dürfte der Hinterbliebenenschutz allenfalls ein kleiner Zuschuss zum Lebensunterhalt sein.

30 SEKUNDEN FAKTEN

93 %

der Frauen glauben irrtümlich, dass alles, was während einer Ehe erworben wird, beiden Partnern gleichermaßen gehört.

65 %

vermuten falsch, dass das gesamte Vermögen „per se" beiden Ehepartnern gemeinsam gehört.

47 %

gehen einfach davon aus, dass es ihrer Partnerin/ihrem Partner nach einer Scheidung automatisch finanziell genauso gut gehen wird wie ihnen selbst.

Quelle: Bundesstudie „Partnerschaft und Ehe – Entscheidungen im Lebensverlauf", 2010

Wenn mein Partner stirbt, erbe ich sein gesamtes Vermögen

Davon träumt vielleicht so mancher, wenn er der Heirat zustimmt. Wenn ein älterer vermögender Herr eine junge Frau ohne Vermögen heiratet, argwöhnt es außerdem die Familie des älteren Herrn. Ganz so einfach ist es aber nicht, denn es erben beispielsweise immer auch die Kinder aus früheren Beziehungen. Darüber hinaus hat der ältere Herr die Möglichkeit, in seinem Testament seine Kinder oder andere Menschen, die ihm nahestehen, über ihren gesetzlichen Anspruch hinaus als Erben zu bedenken und seine junge Frau auszusparen. Dann erhält sie im Falle seines Todes lediglich ein Pflichtteil (siehe „Erben selbst bestimmen", S. 118).

Falls wir uns scheiden lassen, bin ich bis ans Lebensende versorgt

Das galt in früheren Zeiten einmal für Frauen, die aus Rücksicht auf die Familie ihre Berufstätigkeit komplett an den Nagel gehängt hatten. Die Voraussetzung war aber auch damals schon, dass der Exmann genug verdiente. Spätestens seit der großen Unterhaltsreform 2008 ist eine lebenslange Unterhaltspflicht die Ausnahme. Heute gilt, dass jeder Partner nach der Scheidung grundsätzlich wieder selbst für sich verantwortlich ist – so, als ob er nie verheiratet war. Er muss also sehen, wie er seinen Lebensunterhalt bestreitet. Nur in Ausnahmefällen besteht heute nach der Scheidung

Aus Liebe
Bei der Heirat ist es auch wichtig zu wissen, was sich rechtlich ändert.

noch ein Anspruch auf Unterhalt. So zum Beispiel, wenn die Ehe sehr lange gedauert hat, Partner zum Zeitpunkt der Scheidung ein hohes Alter haben und keinen Job mehr finden können, krank oder behindert sind. Auch wer ein gemeinsames Kind unter drei Jahren in seinem Haushalt betreut, kann vom geschiedenen Ehegatten Unterhalt fordern (siehe „Füreinander einstehen", S. 53).

Wer auf einen Ehevertrag pocht, sollte es besser gleich lassen

Dies ist ein Irrglaube, der weit verbreitet ist. Nur rund 10 Prozent der Paare suchen vor dem Gang zum Standesamt einen Notar auf, um einen Ehevertrag abzuschließen. Dabei handelt es sich in erster Linie um Partner, die zum zweiten oder dritten Mal heiraten und ihre Kinder aus früheren Beziehungen absichern wollen. Ratsam ist es, sich auch bei der ersten Heirat Gedanken über einen Ehevertrag zu machen – und sich dann bewusst dafür oder dagegen zu entscheiden. Ohne einen Ehevertrag gelten die gesetzlichen Regelungen, falls es zur Scheidung kommt. Danach besteht ein Anspruch auf Versorgungsausgleich (siehe „Regelungen zur Altersvorsorge", S. 148), Zugewinnausgleich (siehe „Was sich beim Vermögen ändert", S. 44) und in bestimmten Fällen auf nachehelichen Unterhalt (siehe „Eigene Regeln aufstellen", S. 141). In einem Ehevertrag haben Sie die Möglichkeit, die Regeln selbst zu gestalten. Wer einen Ehevertrag abschließt, zeigt, dass er vorausschauend denkt. Tatsache ist, dass die Hälfte der Heiratskandidaten von heute morgen vor dem Scheidungsrichter landen.

Meine Kinder aus einer früheren Beziehung sind dann versorgt

Das ist so nicht automatisch richtig. Für die Kinder aus früheren Beziehungen ist allein der andere Elternteil mit unterhaltspflichtig, nicht der Ehegatte. Auch das Sorgerecht teilen sich weiter die leiblichen Eltern. Dies gilt losgelöst davon, wo die Kinder leben und wer sie überwiegend betreut. Allerdings haben die Eltern die Möglichkeit, das Sorgerecht vollständig auf den betreuenden Elternteil zu verlagern. Mit Zustimmung der Eltern kann der Ehepartner Kinder aus früheren Beziehungen adoptieren. Nur dann müsste er für deren Unterhalt aufkommen.

Die Trauung: Standesamt und Feier

Der Hochzeitstag ist eines der aufregendsten Ereignisse im Leben. Gerade weil bei vielen vor lauter Nervosität die Nerven blank liegen, ist es gut zu wissen, wie die Trauung abläuft – und wann Ihr Einsatz gefragt ist.

„Willst du mich heiraten?“ – Allen Vorbereitungen für den Hochzeitstag geht die alles entscheidende Frage voraus. Oft werden romantische Orte für den Heiratsantrag ausgesucht. Ein schönes Restaurant am Urlaubsort, ein Spaziergang am Meer, der Fernsehturm am Alexanderplatz in Berlin, das Fußballstadion, wenn beide begeisterte Fans sind und der Verein gerade gewonnen hat – der Fantasie sind hier keine Grenzen gesetzt. Ein schöner Moment für beide, wenn er (oder sie) einen Verlobungsring aus der Tasche zaubert und ein „Ja“ die Antwort ist. Aber was bedeutet das eigentlich rechtlich? Mit dieser Frage beschäftigt sich kaum jemand, was zumindest in dem Augenblick auch sicher verständlich ist.

Tatsache ist, dass Mann und Frau in rechtlicher Hinsicht als verlobt gelten, wenn sie sich gegenseitig versprechen, die Ehe einzugehen. Heutzutage bedeutet dies anders als in früheren Zeiten nicht mehr, dass ab diesem Moment eine Rechtspflicht zur Heirat besteht. Die Heirat ist schon lange

DIE 5 FOLGEN DES JAWORTS

1 Gegenseitiger Unterhalt. Nach der Verlobung besteht zwar keine gesetzliche Pflicht zum Unterhalt, aber Zuwendungen für den Lebensunterhalt können einer sittlichen Pflicht entsprechen. Eine Rückforderung ist daher ausgeschlossen, wenn es später nicht zur Heirat kommt.

2 Eheverträge. Ab der Verlobung können Paare einen Ehevertrag für die Zeit nach der Heirat abschließen.

3 Zeugnisverweigerungsrecht. Bei Straf- oder Zivilprozessen des Verlobten kann der Partner die Aussage verweigern.

4 Schadenersatz. Tritt ein Partner ohne wichtigen Grund von der Verlobung zurück, können der Expartner, die Eltern oder Dritte Schadenersatz fordern für Aufwendungen, die sie im Vertrauen auf die Heirat getätigt haben.

5 Geschenke. Was ein Partner dem anderen ab der Verlobung geschenkt hat, kann er zurückverlangen, wenn die Heirat platzt.

nicht mehr einklagbar, wenn es sich ein Partner später anders überlegt und einen Rückzieher macht. Genauso wenig kann eine bis dato „unbescholtene Verlobte" heute noch Schadenersatz („Kranzgeld") fordern, wenn sie ihrem Liebsten den Beischlaf gestattet hat und die Heirat anschließend platzt. Der Kranzgeld-Paragraf wurde zum 1. Juli 1998 ersatzlos aus dem Bürgerlichen Gesetzbuch gestrichen.

Aber auch heute noch hat das „Ja" zum Heiratsantrag ein paar rechtliche Konsequenzen. Welche das sind, finden Sie im Kasten „Die 5 Folgen des Jaworts".

Die Trauung vorbereiten

Selbst jahrzehntelang Verheiratete erinnern sich oft lebhaft an ihren Hochzeitstag. Egal, ob in einem schlichten Trauzimmer der Gemeindeverwaltung, einem schmucken Raum in einem Schloss, auf einem Schiff oder an einem anderen romantischen Ort: Findet die Hochzeit in Deutschland statt, folgt sie einem festgelegten Ablauf. Dies liegt daran, dass im Bürgerlichen Gesetzbuch haarklein geregelt ist, unter welchen Voraussetzungen eine Ehe wirksam zustande kommt.

Dem Hochzeitstermin geht ein „vorbereitendes Verfahren" voraus. Das Standesamt überprüft bei jedem Paar, ob es Gründe gibt, die gegen die Ehe der beiden Heiratskandidaten sprechen. Dies wäre zum Beispiel der Fall, wenn ein Partner noch nicht volljährig oder schon verheiratet wäre.

Eingeleitet wird das vorbereitende Verfahren dadurch, dass ein Partner Kontakt zum Standesamt aufnimmt und erklärt, dass er heiraten möchte. Häufig lässt sich dort schon telefonisch ein Termin reservieren. Je nachdem, wo die Trauung stattfinden soll und wie gefragt dieser Ort ist, empfiehlt es sich, bis zu einem halben Jahr vorher einen Termin im gewählten Standesamt reservieren zu lassen.

Besonders begehrt sind die Termine im Frühling und Sommer. Wenn Sie Ihre Trauung für die Monate Mai oder Juni planen, sollten Sie möglichst früh Kontakt zum Standesamt aufnehmen und sich dort einen Termin sichern.

Gut ist, wenn beide Partner gemeinsam dort erscheinen und die für die Heirat erforderlichen Unterlagen vorlegen. Falls ein Partner verhindert ist, reicht es aber auch, wenn nur einer zum Standesamt geht. Er muss dann eine schriftliche Vollmacht seines Partners mitbringen. Es genügt ein kurzer Text: „Hiermit bevollmächtige ich meinen Verlobten (Vor- und Zuname), in meinem Namen einen Termin für unsere Trauung festzulegen. (Ort, Datum, Unterschrift)"

Ist es für beide Partner die erste Ehe, müssen sie für das vorbereitende Prüfungsverfahren folgende Unterlagen beim Standesamt einreichen:

- **Beglaubigte Abstammungsurkunde** (erhältlich beim Standesamt des Geburtsorts, Sie können sie auch telefonisch anfordern)
- **Gültiger Personalausweis** oder Reisepass
- **Aktuelle Meldebescheinigung** zum Nachweis von Haupt- und gegebenenfalls Nebenwohnsitz (erhältlich beim Einwohnermeldeamt)

Weitere Unterlagen sind gefragt, wenn

- ein Partner oder beide bereits verheiratet waren
- die Partner schon gemeinsame Kinder haben
- einer oder beide Partner eine ausländische Staatsbürgerschaft besitzt (siehe „Heirat in Deutschland", S. 132)
- einer oder beide Partner nicht in Deutschland geboren wurden

Im Rahmen des vorbereitenden Verfahrens werden die Heiratskandidaten gefragt, welche Namen sie nach der Heirat tragen wollen. Falls sie es sich bis zur Trauung noch einmal anders überlegen sollten, lässt sich die Entscheidung aber noch ändern.

→ Frühzeitig planen

Bei Hochzeiten mit Auslandsbezug ist es ratsam, sich frühzeitig beim Standesamt nach den einzureichenden Unterlagen zu erkundigen. Oft müssen Urkunden beschafft werden, die im Ausland anzufordern und noch zu übersetzen sind. Bis diese beim Standesamt vorliegen, können schnell einige Monate verfliegen.

Der Weg zu Wolke sieben

Viele Wege führen zu Wolke sieben. Sie können Ihre Hochzeit aufwendig feiern oder schnell und unkompliziert heiraten, beispielsweise im kleinen Tondern an der deutsch-dänischen Grenze. Dieser Ort ist besonders bei binationalen Paaren beliebt, da sie hier weniger bürokratische Hürden als in Deutschland erwarten.

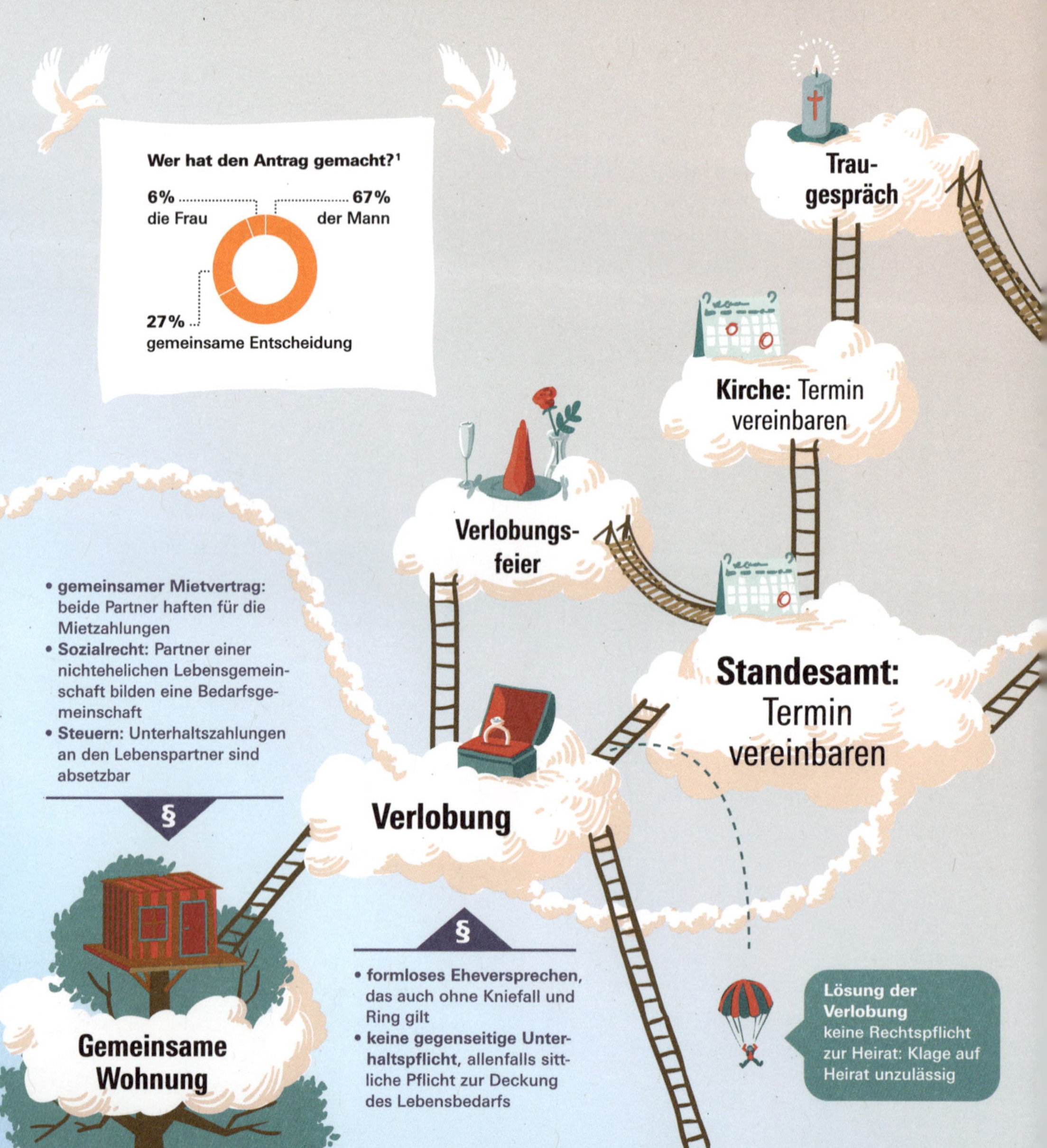

Expresshochzeit
Der schnellste Weg, in den rechtlichen Stand der Ehe zu treten

Polterabend/ Junggesellenabschied

Standesamtliche Trauung

§

- gegenseitige **Unterhaltspflicht**
- Begründung der **ehelichen Lebensgemeinschaft**
- gegenseitiges **Erbrecht** der Ehegatten
- **Hinterbliebenenschutz**
- **steuerliche Änderungen:** Splittingtarif
- Änderungen bei **Krankenversicherungen, Beihilfeanspruch** bei Ehepartnern von Beamten
- **Namensänderungen**

Kirchliche Trauung

gut
1/4
der Paare geben sich auch kirchlich das Jawort[2]

Vorbereitung der Feier

knapp
3/4
der Paare haben weniger als eine halbes Jahr für die Vorbereitung benötigt[1]

Falls die Hochzeit platzt
Verträge kündigen, evtl. Schadenersatz zahlen

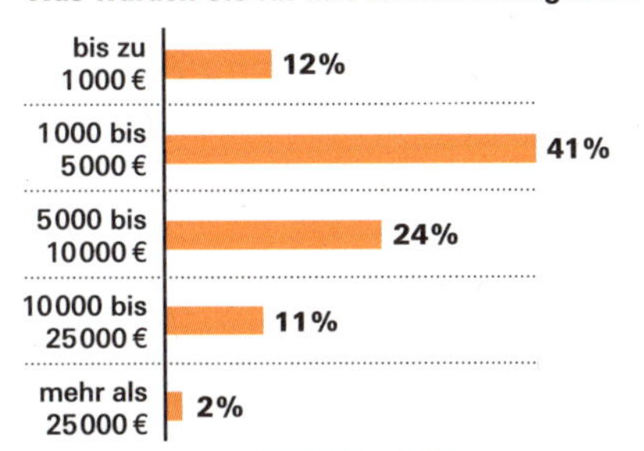

Quellen: 1) Repräsentative forsa-Umfrage im Auftrag von CEWE 2012, 1000 verheiratete Männer und Frauen über 18 Jahre
2) Statistisches Jahrbuch 2014 3) Repräsentative Online-Umfrage der CreditPlus Bank AG „Hochzeit 2014", 1060 Beteiligte; 10 % machten keine Angaben

Die Qual der Wahl: Der Name nach der Heirat

Bei der Heirat bestehen vielfältige Wahlmöglichkeiten. Spätere Änderungen sind nur eingeschränkt möglich.

Neben der eigentlichen Entscheidung zu heiraten stellt die Namenswahl viele Heiratskandidaten vor schier unlösbare Probleme. Soll ich lieber meinen eigenen Namen behalten? Oder den Namen meines Partners annehmen? Mit oder ohne den eigenen Namen voranzustellen oder anzuhängen? Wollen Sie das im Nachhinein ändern, ist eine öffentliche Beglaubigung nötig. Schon bei der Anmeldung zur Eheschließung werden Sie gefragt, welchen Namen Sie nach der Heirat wählen wollen. Grundsätzlich können Sie sich auf einen gemeinsamen Ehe- beziehungsweise Familiennamen verständigen. Geben Sie keine Erklärung zur Namenswahl ab, behalten Sie Ihre bisherigen Namen bei.

Gemeinsamer Name ohne Zusatz

Die Verheirateten können einen gemeinsamen Ehenamen wählen. Dies kann der Geburtsname der Frau oder der des Mannes sein. Bekommt das Ehepaar Kinder, erhalten sie automatisch den Ehenamen.

Beispiel: Nina Drube und Kai Nickel wollen heiraten. Für beide Partner ist es die erste Heirat. Als Ehenamen können sie entweder Drube oder Nickel wählen.

War ein Partner bereits verheiratet und hat nach der Scheidung den Namen seines Expartners beibehalten, kann dieser Name ebenfalls als Ehename mit dem neuen Partner gewählt werden.

Beispiel: Nina Drube im oben genannten Beispiel war bereits verheiratet und hat nach der Scheidung den Namen ihres Exmanns Drube wegen der gemeinsamen Kinder beibehalten, statt ihren Geburtsnamen Schuster wieder anzunehmen. Nina Drube und Kai Nickel haben in diesem Fall drei Wahlmöglichkeiten: Als Ehenamen können sie sich auf Drube, Schuster oder Nickel verständigen.

Hätte Nina nach ihrer Scheidung den Doppelnamen Drube-Schuster gewählt, könnten sie und Kai auch diesen Doppelnamen annehmen. Eine Dreifachkombination von Namen ist hingegen nicht möglich, also nicht Drube-Schuster-Nickel.

- **Vorteile des Namens ohne Zusatz:** Die Regelung ist klar und eindeutig, jeder weiß, mit wem er es zu tun hat. Es

Bund fürs Leben
Mit der Heirat beginnt fürs frisch vermählte Paar ein neuer Lebensabschnitt. An den neuen Namen müssen sich viele erst gewöhnen.

werden keine künstlich langen Unterschriften (bei Doppelnamen etwa Leutheusser-Schnarrenberger) unter offiziellen Dokumenten erzeugt, die auch zum Beispiel beim Bezahlen mit Girokarte an der Supermarktkasse mit langer Schlange nerven können.

- **Die Nachteile:** Derjenige, der seinen bisherigen Namen aufgibt, gibt ein Stück seiner Identität auf, zumindest eine Zeitlang. Es kann zu Missverständnissen kommen und es besteht Erklärungsbedarf gegenüber seinen Geschäftspartnern, Bekannten und Nachbarn.

Gemeinsamer Ehename mit Zusatz

Entscheidet sich das Brautpaar für einen gemeinsamen Ehenamen, den dann automatisch auch die gemeinsamen Kinder erhalten, hat der Partner, dessen Name nicht der Familienname wird, die folgenden Wahlmöglichkeiten:

1. **Er kann seinen bisherigen Namen dem Ehenamen voranstellen.**
   Beispiel: Nina Drube und Kai Nickel haben sich auf den gemeinsamen Ehenamen Drube verständigt. Kai Nickel kann als Doppelnamen Nickel-Drube wählen.
2. **Er kann seinen bisherigen Namen an den Ehenamen anhängen.**
   Beispiel: Kai Nickel kann, statt wie unter 1) gewählt, auch den Doppelnamen Drube-Nickel wählen.

Der Partner, dessen Name nicht Ehename wird, hat diese Wahlmöglichkeiten auch, wenn er zuvor schon einmal verheiratet war und nach der Scheidung den Namen seines Expartners beibehalten hat. Anders ist dies allerdings, wenn es sich dabei um einen Doppelnamen handelt. Dann lässt sich aus den Namen beider Partner kein gemeinsamer Ehename mit Zusatz bilden, denn ein „Dreifachname“ ist gesetzlich unzulässig.

Checkliste

Wenn die Entscheidung schwerfällt: Tipps für die Namenswahl

Bei den vielfältigen Wahlmöglichkeiten die richtige Entscheidung bezüglich des Namens zu fällen, ist nicht immer einfach. Folgende Anregungen sollen helfen.

- ☐ **Namen aufschreiben.** Nehmen Sie immer mal wieder ein Blatt Papier in die Hand und schreiben Sie die infrage kommenden Varianten auf. Bedenken Sie insbesondere bei den Überlegungen, einen Doppelnamen zu wählen, dass Sie stets mit Ihrem vollständigen Namen unterschreiben müssen. Andernfalls ist Ihre Unterschrift nicht wirksam.
- ☐ **Freunde fragen.** Fragen Sie Freunde und Bekannte, welche Erfahrungen sie selbst bei der Namenswahl gemacht haben und welchen Namen sie an Ihrer Stelle wählen würden. Sprechen Sie die bei Ihnen infrage kommenden Kombinationen von Vor- und Nachname laut aus. Diskutieren Sie, welcher Name am klangvollsten ist.
- ☐ **Zungenbrecher vermeiden.** Beachten Sie insbesondere bei der Wahl eines Doppelnamen, dass es meist besser ist, wenn Sie einen kurzen Namen mit nur einer Silbe voranstellen, statt ihn anzuhängen. Einfacher auszusprechen ist sicherlich Müller-Krauthausen statt Krauthausen-Müller.
- ☐ **Namen behalten?** Am einfachsten scheint es auf den ersten Blick, wenn jeder Partner seinen Namen nach der Heirat behält. Schließlich ist die Heirat reine Privatsache. Wollen Sie jedoch gerne eine Familie gründen, sollten Sie gut überlegen, welchen Namen Sie als Familiennamen wählen, den Ihre Kinder bekommen. Ist das der Name Ihres Partners, besteht für Sie hinsichtlich Ihres Namens immer wieder Erklärungsbedarf bei Erziehern, Lehrern und anderen Bezugspersonen Ihrer Kinder.

- **Vorteil des Doppelnamens:** Auch der Partner, dessen Name nicht Ehename wird, behält ein Stück weit seine Namensidentität bei.
- **Die Nachteile:** Die Unterschrift ist lang, es kommt häufig zu Missverständnissen und Falschschreibungen. Besonders, wenn Kinder des Paares keine Doppelnamen haben, kennen Bekannte oft nur einen Namen, mit dem sie dann auch den Partner ansprechen, der einen anderen Namen hat.

Keine Namensänderung

Die Ehegatten können auch einfach alles beim Alten lassen und ihre bisherigen Namen unverändert weiterführen. Dies gilt auch, wenn ein Partner zuvor schon einmal verheiratet war und den Namen seines Expartners beibehalten hat. Bekommt das Ehepaar Kinder, müssen die Eltern innerhalb eines Monats nach der Geburt für das erste und alle weiteren Kinder verbindlich einen Nachnamen für den Nachwuchs bestimmen.

Beispiel: Nina Drube und Kai Nickel wollen heiraten. Für Nina ist es die zweite Ehe. Nach der Scheidung hat sie den Namen ihres Exmannes wegen der Kinder beibehalten und sich dagegen entschieden, ihren Geburtsnamen Schuster wieder anzunehmen.

Wenn Nina und Kai sich gegen einen gemeinsamen Ehenamen entscheiden, behalten sie ihren bisherigen Namen bei. Nina kann bei einer erneuten Heirat nicht ihren Geburtsnamen Schuster wieder annehmen. Ihre erstgeborene Tochter Marthe können sie entweder Marthe Drube oder Marthe Nickel nennen. Ihre zweitgeborene Tochter Nora bekommt dann denselben Nachnamen wie Marthe.

- **Vorteile des Verzichts auf Namensänderung:** Kein Erklärungsbedarf im Job, bei Geschäftspartnern, im Familien- und Freundeskreis – weder nach der Heirat noch im Fall einer Scheidung.
- **Die Nachteile:** Häufig falsche Ansprache, da wie selbstverständlich der Name des Partners und der Kinder verwendet wird, die andere Namen tragen.

Spätere Änderungen

Wenn beide Partner ihren Namen behalten haben, können sie sich auch nach der Heirat noch auf einen gemeinsamen Ehenamen verständigen. Außerdem kann ein Doppelname jederzeit abgelegt werden – allerdings nur zugunsten des Bestandteils, der Familienname ist, also des Namens des Partners und der gemeinsamen Kinder. Der Ehename kann nicht abgelegt werden.

Beispiel: Claire Fischer hat bei der Heirat den Nachnamen Ihres Ehemanns, Bernd Horn, an ihren Namen angehängt, heißt also Claire Fischer-Horn. Horn ist der Ehename.

Sie kann den Doppelnamen ablegen und heißt dann Claire Horn, wie ihr Ehemann und die gemeinsamen Kinder. Nicht möglich ist es, dass Claire den Familiennamen Horn ablegt und wieder Claire Fischer heißt.

Im Standesamt: Wie die Trauung abläuft

Die Zeremonie im Standesamt richtet sich nach gesetzlichen Vorgaben und lässt sich nur eingeschränkt selbst gestalten. Meist dauert sie nicht länger als 20 Minuten.

→ **Neben dem Brautpaar** ist der Standesbeamte der wichtigste Teilnehmer an der Trauungszeremonie. Er begrüßt die Heiratskandidaten und die geladenen Gäste und klärt dann mit dem Brautpaar ab, ob sich seit ihrer Anmeldung zur Trauung noch persönliche Daten geändert haben, wie zum Beispiel die Adresse nach einem Umzug. Anschließend fragt er Braut und Bräutigam, ob es bei der Entscheidung über die Namenswahl, die sie schon im vorbereitenden Verfahren getroffen haben, geblieben ist. Änderungen sind noch möglich.

Wenn diese Punkte geklärt sind, hält der Standesbeamte eine kleine Ansprache. Je nachdem, wie ausführlich das Vorgespräch zum Termin beim Standesamt ausgefallen ist, welche Einzelheiten er über das Brautpaar weiß und wie es mit seiner Zeit bestellt ist, baut er auch schon mal individuelle Besonderheiten mit ein. Wegen der engen Taktung der Standesamtstermine dauert die Ansprache aber meist nicht länger als zehn Minuten.

Nach der Ansprache wird es ernst für die Beteiligten – entsprechend steigt die Nervosität im Raum. Der Standesbeamte fragt Braut und Bräutigam einzeln, ob sie die Ehe eingehen möchten. Natürlich freuen sich die an der Zeremonie teilnehmenden Gäste, wenn sie die Antwort gut hören können. Daher ist an dieser Stelle ein klares und verständliches „Ja" von beiden gefragt.

Im Anschluss daran erklärt der Standesbeamte die Ehe für geschlossen. Er fordert Sie auf, sich – falls gewünscht – gegenseitig Ringe anzustecken. Obligatorisch ist dies nicht, aber immer noch üblich.

Trauzeugen. Sie können ein oder zwei Trauzeugen benennen, wenn Sie das gern möchten. Vorgeschrieben ist dies heute aber nicht mehr.

Dann verliest der Standesbeamte die Niederschrift über die Eheschließung, die Sie einzeln unterschreiben müssen. Später wird die Heirat noch in das Eheregister eingetragen.

Zu guter Letzt überreicht der Standesbeamte Ihnen Ihre Eheurkunde oder das zuvor ausgewählte Familienstammbuch, in dem die Eheurkunde sowie alle für die Trauung erforderlichen Unterlagen, die jetzt nicht mehr benötigt werden, eingeheftet sind.

Die Kosten der standesamtlichen Trauung

Im Vergleich zu den Kosten für die Hochzeitsfeier, die sich schnell auf einige Tausend Euro belaufen können, fällt die Rechnung beim Standesamt überschaubar aus:

Heiraten Partner mit deutscher Staatsangehörigkeit, stellt das Standesamt vor Ort 62 Euro an Gebühren in Rechnung, bei einer Eheschließung mit Auslandsbezug 88 Euro. Hinzu kommen die Kosten für das Familienstammbuch, die je nach Wahl zwischen 20 und 80 Euro liegen. Ein wenig teurer wird es, wenn sich Paare für ein Standesamt an einem anderen Ort als dem Wohnort entscheiden. In diesem Fall müssen sich zwei Standesämter mit der Eheschließung beschäftigen, denn der Antrag muss immer am Standesamt des Wohnsitzes gestellt werden. Dieses führt die Vorprüfung durch und leitet die Unterlagen an das Standesamt des Ortes der Trauung weiter. Dafür fallen zusätzliche Gebühren von zirka 50 Euro an.

HÄTTEN SIE'S GEWUSST?

373 655 Paare haben sich 2013 in Deutschland das Jawort gegeben.[1]

Jede sechste Ehe fand 2013 ihren Anfang im Internet. Besonders kontaktfreudig beim Online-Dating sind die Hessen: 21,2 Prozent der Neuvermählten haben sich hier im Netz kennengelernt. Am zurückhaltendsten waren die Bayern mit 13,3 Prozent.[2]

Deutsche Frauen und Männer heiraten **immer später**. Das durchschnittliche Heiratsalter lediger Frauen lag 1992 bei 26,4 Jahren. Bis 2012 stieg es auf 30,7 Jahre an.[1]

Quellen: 1) Statistisches Bundesamt 2) Telefonbefragung von 827 deutschen Standesämtern im Auftrag von www.singleboersen-vergleich.de

Ihr großer Tag
Sie allein bestimmen, wie Sie Ihre Hochzeit feiern möchten.

Teurer wird die standesamtliche Trauung, wenn Sie sich für einen besonderen Ort entscheiden. Wer sich in Düren zum Beispiel in einem herrschaftlichen Raum im Schloss Burgau das Jawort geben möchte, statt im tristen Trauzimmer im Rathaus am Kaiserplatz, muss für die Reservierung eines Termins 216 Euro zusätzlich investieren.

Besondere Orte sind gefragt

Mit ähnlich hohen Kosten müssen Nordseeliebhaber rechnen, die sich auf einem Leuchtturm das Jawort geben möchten. Das Standesamt Cuxhaven berechnet Paaren, die zwischen März und Oktober die Treppe im Leuchtturm „Dicke Berta" hochklettern und während der Zeremonie aufs Meer schauen wollen, zusätzlich 144 Euro, bei einer Trauung an einem Samstag kommen weitere 80 Euro hinzu.

Der Vorteil einer Trauung am Samstag: Vor allem für Gäste, die nicht in der Nähe wohnen, ist die Anreise günstiger als an einem Wochentag. Außerdem sind die Termine vom Standesamt meist nicht so eng getaktet. Statt 20 Minuten stehen pro Paar 40 Minuten zur Verfügung. Der Standesbeamte hat also etwas mehr Zeit für die persönliche Ansprache an das Hochzeitspaar und die Gäste.

In Zeiten, in denen Paare zunehmend auf den kirchlichen Segen verzichten, sind Termine an besonderen Orten trotz der höheren Kosten sehr gefragt. Im Schloss Burgau beispielsweise sind gut die Hälfte der Termine bereits ein Jahr im Voraus ausgebucht. Das Standesamt Cuxhaven ist ebenfalls zufrieden mit der Auslastung der „Dicken Berta". Im vergangenen Jahr gaben sich 150 Paare mit dem Blick auf die Weite der Nordsee das Jawort.

Mit kühlem Kopf planen

Jedes Paar muss für sich entscheiden, wie viel Geld es sich die Feier kosten lassen will. Geldgeschenke sind oft willkommen.

Sie haben genaue Vorstellungen von Ihrer Feier? Und möchten am liebsten auf die tausend gut gemeinten Ratschläge von Eltern, Freunden und Bekannten verzichten? Das lässt sich am besten realisieren, indem Sie und Ihr Partner sich zunächst auf den groben Rahmen verständigen. Eltern und Schwiegereltern lassen sich in puncto Planung leichter freundlich, aber bestimmt in die Schranken weisen, wenn Sie nicht auf ihre großzügigen Geldgeschenke für die Feier angewiesen sind. Aber wie viel Geld können und wollen Sie für Ihre Hochzeitsfeier tatsächlich ausgeben?

Die Kosten im Griff

Laut einer Umfrage der CreditPlus Bank sind vier von zehn Bürgern bereit, bis zu 5000 Euro für ihre Hochzeit auszugeben, Tendenz steigend. Ein Viertel würde sogar bis zu 10000 Euro für die Feier investieren. Nur fünf Prozent der Befragten können sich eine Feier für bis zu 25000 Euro vorstellen. Dabei ist die Bereitschaft, einen Kredit aufzunehmen, laut CreditPlus Bank seit 2013 gestiegen. Knapp 30 Prozent hätten damit kein Problem. Aber Achtung: Derzeit ist es zwar sehr günstig, Geld aufzunehmen. Sie sollten aber gut überlegen, ob Sie das wirklich für die Hochzeitsfeier tun wollen. Bedenken Sie, dass Sie Ihren gemeinsamen Weg in diesem Fall mit Schulden beginnen, die natürlich auch zurückgezahlt werden müssen. Wenn dafür die nächsten Sommerurlaube ausfallen müssen, ist eine Kreditaufnahme vielleicht keine gute Idee.

Besser ist es, Sie überschlagen Ihre Finanzen und stellen zunächst einmal fest, wie hoch Ihre Ersparnisse sind, die für die Feier zur Verfügung stehen. Je nachdem, wie das Ergebnis ausfällt, könnten Sie dann in einem zweiten Schritt die Entscheidung treffen, ob Sie Ihre Hochzeitsfeier im kleineren oder größeren Rahmen mit oder ohne Polterabend ausrichten.

→ Je größer, desto früher

Möchten Sie im großen Kreis mit Familie, Freunden, Nachbarn feiern, beachten Sie bei der Terminfestlegung folgende Faustformel: Je mehr Gäste Sie einladen wollen, desto früher sollten Sie die Einladungen verschicken. Bei einer großen Feier ist es ratsam, mindestens ein Jahr vor dem anvsierten Termin mit den Vorbereitungen zu beginnen.

Damit die Kosten nicht aus dem Ruder laufen, hilft ein Finanzierungsplan. Am besten legen Sie dafür einen Ordner an, den Sie mit „Hochzeit" beschriften. Darin heften Sie alle Angebote und Aufträge ab. Außerdem nehmen Sie ein Blatt Papier und legen eine dreispaltige Tabelle an.

1. **Die linke Spalte** überschreiben Sie mit Aufwandsposten, zum Beispiel für Kleidung, Räumlichkeiten, Bewirtung, Hochzeitstorte, Musik etc.
2. **Überlegen Sie,** was Sie bereit sind, für die Posten im Einzelnen auszugeben. Die Ergebnisse nehmen Sie in der mittleren Spalte „Geplante Kosten" auf und addieren sie am Ende der Tabelle zu einer Gesamtsumme.
3. **Die rechte Spalte** überschreiben Sie mit „Angebote/Verträge". Wenn Sie nun Angebote einholen, vergleichen und schließlich Aufträge erteilen, schreiben Sie die Ergebnisse in diese Spalte. So haben Sie stets einen Überblick, ob Sie innerhalb Ihres Budgets bleiben. Wird ein Posten teurer als geplant, sollten Sie versuchen, bei einem anderen gegenzusteuern und Kosten zu sparen.

Step by step: So legen Sie den Rahmen für Ihre Feier fest

- **Standesamt und Kirche?** Möchten Sie nicht nur standesamtlich, sondern auch kirchlich heiraten? Wenn Sie auch vor den Traualtar treten möchten, müssen Sie oft zwei Tage einplanen. Meist finden die Termine an unterschiedlichen Tagen statt.
- **Groß oder klein feiern?** Da in Deutschland Trauzeugen nicht mehr nötig sind, um staatlich zu heiraten, können Sie auch zu zweit heiraten. Vorteil: Es bedarf kaum Vorbereitungen und verursacht nur geringe Kosten. Bedenken Sie aber, dass Sie Familie und Freunde unter Umständen vor den Kopf stoßen, wenn Sie sie nicht einbeziehen. Tipp: Informieren Sie Ihre Angehörigen in jedem Fall vor der Heirat und erklären Sie Ihre Beweggründe für den Verzicht auf jegliche Gäste. Sie im Nachhinein zu informieren, sorgt wahrscheinlich für Ärger. Wollen Sie mit Familie und Freunden feiern, gibt es bezüglich der Gästezahl nach oben natürlich keine Grenze. Bedenken Sie aber, dass allein die Raum-

---

Besser Luft nach oben lassen: Bei den geplanten Kosten hilft es, wenn Sie sicherheitshalber einen Puffer einbauen, also am besten nicht Ihr gesamtes Budget ausschöpfen. Erfahrungsgemäß wird die Feier am Ende immer etwas teurer als ursprünglich kalkuliert.

Hochzeitsbräuche

Bei vielen Hochzeiten werden auch heute Traditionen groß geschrieben. Hier einige Beispiele für weit verbreitete Bräuche. Sie lockern die Feier auf und liefern schöne Motive für Erinnerungsfotos.

Weißes Brautkleid

Heute heiraten fast 60 Prozent der Bräute in Weiß. Erst die britische Königin Victoria verhalf 1840 dem Weiß zum Durchbruch. Davor war das Brautkleid meist dunkel und wurde als Sonntagskleid weiter genutzt.

Hochzeitstorte

Die Torte fehlt nur bei knapp einem Drittel der Hochzeiten. Wer beim gemeinsamen Anschneiden die Hand oben hat, soll angeblich in der Ehe das Sagen haben.

Brautstrauß werfen

Auf jeder zweiten Hochzeit wirft die Braut den Strauß nach hinten über ihre Schulter. Die Frau, die ihn auffängt, hört als Nächste die Hochzeitsglocken läuten, sagt man.

Polterabend

Fast 45 Prozent der Heiratskandidaten kehren am Polterabend gemeinsam die Scherben zusammen. Der Krach beim Zerschlagen des Porzellans soll böse Geister vertreiben.

Baumstamm sägen

Immerhin 13 Prozent der Paare zersägen zusammen einen Baumstamm. Es symbolisiert das gemeinsame Bewältigen von Problemen in der Ehe.

HÄTTEN SIE'S GEWUSST?

Damit **Kosten und Aufwand** überschaubar bleiben: Jede dritte Frau plant ihre Hochzeitsfeier in einer Größe von 21 – 50 Gästen.[1]

Bildschöne Erinnerungen: 42 Prozent aller Paare engagieren einen professionellen Fotografen. Die Mehrheit der Paare (60 Prozent), die innerhalb der letzten zehn Jahre geheiratet haben, investierte weniger als 500 Euro ins Honorar des Fotoprofis.[2]

Großzügige Gäste: 55 Prozent der Gäste hierzulande schenken Hochzeitspräsente im Wert von bis zu 80 Euro. Fast jeder Dritte gibt sogar mehr als 100 Euro aus.[3]

1) Befragung durch Research Now von 1 024 Frauen im Alter von 18 bis 49 Jahren im Auftrag von Zalando, 2013
2) forsa-Umfrage im Auftrag von CEWE, 1 000 verheiratete Männer und Frauen über 18 Jahre, 2012
3) Online-Umfrage „Hochzeit 2013" der CreditPlus Bank AG unter Beteiligung von 1 060 Bundesbürgern

miete und das Essen schnell einige Tausend Euro verschlingen können. Eheringe und die Hochzeitsreise – sofern Sie eine machen wollen – sind da noch nicht einkalkuliert.

Tipp: Stecken Sie Ihr Budget für die Hochzeitsfeier ab. Sofern Eltern oder Großeltern signalisiert haben, dass sie sich beteiligen wollen, können Sie mit den Hochzeitsplänen natürlich nicht zu lange hinterm Berg halten. Schließlich hängt die weitere Planung auch vom Zuschuss aus der Familie ab. Berücksichtigen Sie jedoch, dass Eltern und künftige Schwiegereltern häufig ein Mitspracherecht reklamieren, wenn sie Geld zur Feier zuschießen.

- **Hochzeitskleid und Smoking?** Egal, ob Sie staatlich oder kirchlich heiraten: Für viele Frauen ist es seit ihren frühesten Kindheitstagen ein Traum, in Weiß zu heiraten. Wenn es auch bei Ihnen der Traum in Weiß sein soll, beginnen Sie mit der Suche nach Ihrem Traumkleid am besten mit einem Vorlauf von mindestens einem halben Jahr, besser mehr. Oft müssen die Kleider geändert oder noch genäht werden, was Zeit kostet. Auch die Männer sollten etwas Zeit einplanen, weil Anzug oder Smoking vielleicht noch geändert werden müssen.
- **Terminfestlegung und Gästeliste.** Haben Sie sich mit Ihrem Partner auf klein oder groß verständigt, erfragen Sie beim Standesamt Ihrer Wahl zwei oder

drei Termine, die in Ihrem gewünschten Hochzeitsmonat noch frei sind. Überlegen Sie, welche Gäste Ihnen besonders am Herzen liegen, die Sie bei Ihrer Feier nicht missen möchten. Klären Sie die Termine mit Ihren besonderen Wunschgästen ab, und entscheiden Sie sich dann für einen Termin, den Sie beim Standesamt (und gegebenenfalls bei der Kirche) festmachen.

- **All-inclusive oder Einzelplanung?** Sofern Sie ein großes Budget für Ihre Hochzeit zur Verfügung haben, können Sie sich an eine Hochzeitsagentur wenden, die alle Vorbereitungen für die Feier für Sie erledigt. Vorteil: Sie müssen nur dort Ihre Wünsche äußern, den Rest erledigt der Dienstleister, angefangen bei der Gestaltung der Einladungen, über die Wahl der Location für die Feier, Hochzeitstorte, Essen und Getränke, Tischdekoration, Fotografen für die Hochzeitsbilder und vieles mehr. Allerdings beläuft sich die Rechnung dafür dann schnell auf einen fünfstelligen Betrag. Wenn Sie die Vorbereitungen selbst in die Hand nehmen wollen, sollten Sie genügend Zeit einplanen. Allein den richtigen Ort für die Hochzeitsfeier zu finden, nimmt meist viel Zeit in Anspruch. Auch das Essen will gut geplant sein. Tipp: Haben Sie ein Lokal ins Auge gefasst, gehen Sie dort ein paar Mal anonym Probeessen, bevor Sie sich entscheiden.
- **Profi- oder Hobbyfotograf?** Wenn Sie Freunde und Bekannte haben, die gute Fotos machen, spricht nichts dagegen, sie mit dem Fotografieren während der Feier zu beauftragen. Sofern Sie einen Profi beauftragen, schauen Sie sich seine Hochzeitsbilder vorher an. Nicht alles, was teuer ist, gefällt jedem.
- **Geschenkeliste ja oder nein?** Das Gute an einer erstellten Liste mit Geschenkwünschen ist, dass Sie nur Dinge erhalten, die Sie benötigen. Weit verbreitet ist inzwischen „Wir wünschen uns „nur“ Geld.“ Der Vorteil: Sie können mit dem Geld tun und lassen, was Sie möchten. Etwas schöner verpackt ist der Geldwunsch unter Umständen in „Wir wünschen uns einen Zuschuss zur Hochzeitsreise.“

Wem gehört was?

Ein Partner erbt sein Elternhaus, der andere hat Schulden. Wem gehört nach der Heirat was? Wann ist ein Gemeinschaftskonto sinnvoll? Und worauf sollten Sie achten, wenn Sie den Traum vom Eigenheim verwirklichen wollen?

→ **Heute leben Paare meist** schon eine Zeitlang ohne Trauschein zusammen, bevor sie sich zur Heirat entschließen. Der Alltag ist bereits eingespielt und sie haben sich längst darüber verständigt, welche Anteile an der Miete, den Einkäufen, Urlauben und gemeinsamen Anschaffungen der Einzelne zu tragen hat. Manche Paare wirtschaften vielleicht in eine Kasse und das klappt auch gut. Warum sich also mit Themen wie Haushalt, Finanzen und Vermögen überhaupt beschäftigen, nur weil jetzt die Hochzeit ansteht? Ganz einfach: weil der Gesetzgeber für Ehepaare spezielle Regeln für diese Bereiche aufgestellt hat. Für Ehepaare ist anders als für Paare ohne Trauschein gesetzlich geklärt, welche Anteile jedem Partner am bisherigen und am gemeinsam erwirtschafteten Vermögen zustehen. Daher ist es ratsam, sich mit den rechtlichen Rahmenbedingungen ab der Heirat vertraut zu machen und die bisherigen Absprachen auf den Prüfstand zu stellen. Vielleicht kommen Sie zum Ergebnis, dass Sie bestimmte Punkte künftig anders handhaben möchten.

Wohnung und Hausrat

Wer heiratet, muss sich darüber im Klaren sein, dass der Gesetzgeber gern gleichmäßig auf alle Köpfe verteilt.

Ab der Heirat hat jeder Ehegatte das Recht, in der Ehewohnung zu leben. Dies gilt unabhängig davon, wer Eigentümer der Wohnung ist beziehungsweise wer den Mietvertrag unterschrieben hat.

Beispiel: Vor fünf Jahren ist Sonja zu Peter in dessen Mietwohnung gezogen. Nun wollen sie heiraten. Bis zur Trauung hätte Peter bei Streitereien jederzeit die Möglichkeit gehabt, Sonja von heute auf morgen vor die Tür zu setzen. Durch die Heirat erhält Sonja ein eigenes Bleiberecht in der Wohnung – losgelöst davon, dass Peter als Inhaber des Mietvertrags allein die Miete zahlen muss. Peter kann Sonja nicht mehr gegen ihren Willen der Wohnung verweisen. Aus seiner Wohnung wird durch Heirat die gemeinsame Ehewohnung.

Dasselbe gilt bezüglich der Hausratsgegenstände, die sich in der Wohnung befinden. Beide Ehegatten können Waschmaschine, Staubsauger, Töpfe und Tassen aus eigenem Recht heraus benutzen, ohne dass der andere Partner Einwände erheben kann, weil sie ihm gehören. Das klingt völlig selbstverständlich und sollte eigentlich kein ernsthaftes Thema sein. Aber der Gesetzgeber hat natürlich auch kriselnde Partnerschaften vor Augen. Da ist es dann gut, dass die Regelung für Klarheit sorgt.

Wem gehören die Möbel?

Bei der Wohnzimmercouch, dem Fernseher, dem Schlafzimmerschrank und weiteren Einrichtungsgegenständen gilt: Sie gehören demjenigen, der sie mit in die gemeinsame Wohnung eingebracht hat. Daran ändert sich durch die Heirat nichts.

Haben Sie diese Gegenstände erst während der Ehe angeschafft, sieht es anders aus. Es gilt die sogenannte Miteigentumsvermutung und damit Folgendes: Es wird zunächst vermutet, dass der während der Ehe angeschaffte Hausrat im gemeinschaftlichen Eigentum steht. Ob ein Ehepartner die Anschaffung allein oder in Abstimmung mit dem anderen vorgenommen hat und wer bezahlt hat, ist unerheblich. Auch eine Rechnung oder ein Kaufvertrag kann die Miteigentumsvermutung nicht widerlegen.

→ Eine Tabelle für alle Fälle

Es ist ratsam, spätestens ab der Heirat eine Tabelle zu erstellen und darin festzuhalten, wem welche Einrichtungsgegenstände gehören.

Folgen bei den Finanzen

Verheiratete müssen nicht für die Geschäfte des anderen geradestehen. Nur bei der Haushaltsführung gelten Ausnahmen.

Das Jawort ändert nichts daran, dass die Partner rechtlich zwei verschiedene Personen sind. Das Gehalt, das der Mann verdient, ist und bleibt seines. Genauso verhält es sich bei der Frau – was längst nicht immer selbstverständlich war. Auf einer übergeordneten Ebene jedoch sind die Partner durch die Ehe, die der Gesetzgeber als eine Lebens- und Wirtschaftsgemeinschaft versteht, verbunden. Dies kann sich bei alltäglichen Geschäften, die den gemeinsamen Haushalt betreffen, auswirken.

Beispiel: Ein Partner kauft in seinem Namen eine neue Waschmaschine und kann den anderen zur Zahlung verpflichten, ohne dass dieser von dem Kauf etwas weiß. Der Waschmaschinenkäufer kann also indirekt auf das Gehalt seines Ehepartners zugreifen.

Der Fachbegriff dafür ist „Schlüsselgewaltgeschäfte". Woher stammt er? Ganz einfach: Früher, als die Frau selbstverständlich zu Hause blieb, um sich um Haushalt, Wäsche und Kinder zu kümmern, hatte der Mann das alleinige Sagen in Sachen Finanzen. Er teilte seiner Gattin das Haushaltsgeld zu, damit sie die täglichen Einkäufe und andere kleine Geschäfte für die Familie erledigen konnte. Sie war bei diesen Geschäften quasi im Auftrag ihres Mannes unterwegs. Deshalb wurde er bei diesen Besorgungen rechtlich zur Zahlung verpflichtet. Die Frau konnte ihren Mann, ohne ihn zu fragen, zu solchen Geschäften verpflichten, daher hatte sie „Schlüsselgewalt". War das Geld der Familie am Monatsende knapp und ließ die Frau im Lebensmittelgeschäft an der Ecke anschreiben, konnte sich der Inhaber des Ladens wegen der Bezahlung an den Mann wenden. Im Unterschied zu früher kann heute aber nicht nur die Frau ihren Mann zur Zahlung verpflichten, sondern auch umgekehrt.

→ Die Schlüsselgewaltgeschäfte

Bei bestimmten Geschäften, die mit der Haushaltsführung zusammenhängen, kann ein Partner den anderen mit verpflichten, ohne dass dieser daran beteiligt ist und davon weiß. Zu den Schlüsselgewaltgeschäften zählen die Einkäufe von Lebensmitteln sowie von Kleidung für sich und die Familie, der Kauf von Haushaltsgeräten und Möbeln, Reparaturverträge, der Abschluss von Strom- und Gaslieferungsverträgen, der Kauf von Heizöl.

Haushalt, Finanzen und Vermögen

Paar ohne Trauschein – Ehepaar: Was sich durch die Heirat ändert

	Paar ohne Trauschein	Ehepaar
Mietwohnung	Inhaber des Mietvertrags hat alleiniges Nutzungsrecht	Beide Partner haben ein Nutzungsrecht, egal, wer den Mietvertrag unterschrieben hat
Eigentumswohnung	Eigentümer hat alleiniges Nutzungsrecht, der andere Partner hat keinerlei Nutzungsrechte	Beide Partner haben ein Nutzungsrecht
Haushaltsgeräte	Nur derjenige, dem sie gehören, hat streng genommen Nutzungsrecht	Beide Partner haben Nutzungsrecht unabhängig davon, wem sie gehören
Schlüsselgewaltgeschäfte	Nur derjenige Partner ist zur Zahlung verpflichtet, der sie abschließt	Beide Partner werden aus diesen Geschäften verpflichtet
Gemeinschaftskonto	Ausgleichpflichten der Partner untereinander, falls ein Partner Konto unrechtmäßig überzieht	Keine Ausgleichpflichten untereinander bei intakter Ehe
Anspruch auf Zugewinnausgleich	———	Ja, bei Scheidung, falls kein Ehevertrag
Erben	Kein Erbanspruch des überlebenden Partners	Garantie eines Mindestanteils am Erbe (Pflichtteil)

Der Vertragspartner des Ehepartners, der im Sinne der Familie Dinge erledigt, also etwa das Elektrogeschäft oder der Heizöllieferant, kann sich zwecks Begleichung der Verbindlichkeiten wahlweise an den einen oder anderen Ehegatten halten. Beide haften gemeinsam für die Zahlung.

Aus Gründen der Rücksichtnahme sollte jedoch kein Partner so weit gehen, dass er den anderen bei größeren Investitionen ständig vor vollendete Tatsachen stellt, zum Beispiel, um seine Vorstellungen von der Einrichtung der Wohnung eigenmächtig durchzusetzen. Schlüsselgewaltgeschäfte

Lautet ein Wertpapierdepot auf den Namen beider Ehegatten, greift dieselbe gesetzliche Vermutung wie beim Gemeinschaftskonto. Danach gehört jedem Partner die Hälfte an dem Guthaben beziehungsweise den Wertpapieren im Depot. Leisten Sie unterschiedliche Einlagen für gemeinsame Vermögensanlagen, sollten Sie dies daher sorgfältig dokumentieren. Nur so gehen Sie auf Nummer sicher, dass es, falls ein Partner stirbt oder Sie sich trennen, nicht zu langwierigen Diskussionen darüber kommt.

versteht der Gesetzgeber nicht als Selbstbedienungsinstrument, um eigenmächtig auf das Vermögen seines Partners zuzugreifen. Ratsam ist es ohnehin, größere Investitionen oder Verträge mit einer längeren Bindungswirkung untereinander abzusprechen, bevor ein Partner sie tätigt.

Leben Ehegatten getrennt, können sie übrigens keine Geschäfte mehr mit Haftungsfolgen für den Expartner abschließen. Schlüsselgewaltgeschäfte sind ab der Trennung der Ehepartner ausgeschlossen.

Konto – meins, deins, unseres?

Die Frage, wie Paare ihre Finanzen am besten regeln, stellt sich heute meist nicht erst bei der Heirat, sondern schon vorher, wenn sie zusammenziehen. Wer beteiligt sich in welcher Höhe an der Miete und den Haushaltskosten? Wie soll man es mit Geschenken für Freunde und den Kosten für gemeinsame Urlaube halten?

Beim Zusammenziehen hat zunächst jeder Partner sein eigenes Girokonto, das nur auf seinen Namen lautet. Früher oder später eröffnen zusammenlebende Partner häufig ein weiteres Konto. Das läuft dann oft auf den Namen beider. Jeder Partner kann darauf zugreifen. Auf dieses Gemeinschaftskonto zahlen beide den festgelegten Anteil an der Miete, den Nebenkosten sowie den Einkäufen ein. Alle Daueraufträge für die laufenden Ausgaben des Haushalts gehen dann von diesem Konto ab.

Beispiel: Vera und Klaus zahlen 700 Euro Miete pro Monat für ihre Wohnung. Für Einkäufe, Unternehmungen und Geschenke für Freunde benötigen sie im Schnitt monatlich 800 Euro. Vera und Klaus haben jeweils Daueraufträge bei ihren Gehaltskonten eingerichtet. Zu jedem Monatsende fließen jeweils 750 Euro auf ihr gemeinsames Konto. Von diesem Konto werden Miete, Haushaltskosten und Geschenke für Freunde bezahlt.

Das Drei-Konten-Modell kann nach der Heirat im Prinzip bestehen bleiben. Durch die Heirat ändert sich nichts an der Bank-

30 SEKUNDEN FAKTEN

56 %

aller Ehepaare besitzen ausschließlich gemeinsame Konten.

9 %

der unverheiratet zusammenlebenden Paare haben ausschließlich gemeinsame Konten.

16 %

aller Ehepaare besitzen sowohl gemeinsame als auch getrennte Konten.

11 %

der unverheiratet zusammenlebenden Paare haben sowohl gemeinsame als auch getrennte Konten.

Quelle: Vorwerk Familienstudie 2013, durchgeführt vom Institut für Demoskopie Allensbach

Kunden-Beziehung. Wenn beide Partner jeweils ein eigenes Konto haben, kann der andere nur darauf zugreifen, wenn er eine Bankvollmacht hat. Überzieht ein Partner sein Konto, haftet ausschließlich er allein für die Schulden, nicht der Ehepartner. Die Bank kann sich nur an ihn halten.

Etwas anderes gilt jedoch bezüglich des Gemeinschaftskontos, das viele Paare spätestens ab der Heirat nur noch haben wollen. Die Girokonten werden dann aufgelöst, das gesamte Einkommen der Partner fließt auf das Gemeinschaftskonto.

Das hat Vorteile, denn es ist praktischer, bequemer und übersichtlicher, ein Konto zu verwalten statt zwei beziehungsweise drei. Diskussionen über die Frage, wer in welcher Höhe Beiträge für die Gemeinschaft leisten muss, entfallen. Es kann aber auch Streitpotenzial mit sich bringen, aus einer Kasse zu wirtschaften. So zum Beispiel, wenn Ehepartner unterschiedliche Vorstellungen von notwendigen Ausgaben haben.

Die großen Nachteile eines Gemeinschaftskontos zeigen sich häufig, wenn es zu Problemen und Streit in der Partnerschaft kommt. Beispiel: Ein Partner räumt kurzerhand das Konto leer oder noch schlimmer, er überzieht es bis zum Dispolimit. Für die Schulden bei der Bank haften in solchen Fällen beide Kontoinhaber. Die Bank interessiert sich nicht für die Hintergründe der Abhebungen. Sie kann sich wegen der Rückzahlung wahlweise an den einen oder an den anderen Partner wenden.

Hebt Vera im Eingangsbeispiel mit dem Drei-Konten-Modell nach der Heirat Geld von ihrem Girokonto ab und gerät dabei ins Minus, muss Klaus also nicht für ihre Schulden einstehen. Anders, wenn sie das auf beide Namen lautende Gemeinschaftskonto überzieht. Dann haften Vera und Klaus als Gesamtschuldner.

Allein schon aus Haftungsgründen ist eine strikte Trennung der Konten zu empfehlen, wenn ein Partner selbstständig ist. Aber auch Angestellte können hohe Schulden haben, was dazu führen kann, dass Gläubiger das Gemeinschaftskonto pfänden.

Ausgleich vom Partner

An der Bank-Kunden-Beziehung ändert sich durch die Heirat nichts. Etwas anderes gilt jedoch beim Innenverhältnis der Partner, ihrem Verhältnis untereinander.

Beispiel: Vera sieht in einer Boutique ein sündhaft teures Kleid. Kurzerhand kauft sie es und bezahlt es mit der Girokarte ihres Gemeinschaftskontos mit Klaus. Kann Klaus das Geld zurückfordern?

Nein, denn solange die Ehe intakt ist, unterstellt das Gesetz, dass jeder Partner mit Einwilligung des anderen Geld vom Gemeinschaftskonto abhebt. Klaus hat keine rechtliche Handhabe, Vera zur Rückzahlung zu zwingen. Etwas anderes galt hingegen, solange sie als Paar ohne Trauschein zusammenlebten. Hätte Vera dann beim Einkauf nach Klaus' Einschätzung zu tief in den gemeinsamen Geldbeutel gegriffen, hätte er von Vera einen Ausgleich fordern können.

Ein Gemeinschaftskonto ist für Ehegatten zwar praktisch, birgt aber auch Risiken. Neigt Ihr Partner dazu, über seine Verhältnisse zu leben, sollten Sie Ihre Finanzhoheit besser behalten. Ist ein Partner oder sind beide selbstständig, ist eine strikte Kontentrennung allein schon aus Haftungsgründen zu empfehlen.

Was sich beim Vermögen ändert

Treffen Ehepartner keine eigenen Regelungen, leben sie im gesetzlichen Güterstand der Zugewinngemeinschaft.

→ **Er hat eine Wohnung geerbt,** sie besitzt ein Wertpapierdepot, gemeinsam haben sie als Paar ohne Trauschein eine Gartengarnitur angeschafft. Durch die Heirat ändert sich an den Eigentumsverhältnissen grundsätzlich nichts: Wohnung und Wertpapiere werden durch den Gang zum Standesamt nicht automatisch gemeinsames Eigentum. Es sei denn, dies ist ausdrücklich gewünscht und die Partner vereinbaren in einem notariellen Ehevertrag Gütergemeinschaft. Dies ist heute, anders als in früheren Zeiten, jedoch eher eine Ausnahme.

→ Vorsicht Schulden!

Hat ein Partner Schulden und kommt es zu Pfändungen, wird zum Schutz der Gläubiger vermutet, dass sämtliche Einrichtungsgegenstände in der Wohnung dem verschuldeten Ehepartner gehören. Es ist dann Sache des anderen, diese Vermutung zu widerlegen, indem er zum Beispiel den Kaufvertrag über sein gepfändetes Mountainbike vorlegt. Durch einen Ehevertrag kann verhindert werden, dass Gläubiger des verschuldeten Partners auf das Vermögen des anderen zugreifen (Einzelheiten siehe „Wichtige Fragen zum Ehevertrag", S. 152)

Die Zugewinngemeinschaft

Haben Sie keinen Ehevertrag abgeschlossen, leben Sie im gesetzlichen Güterstand der Zugewinngemeinschaft. Dies bedeutet: Bei allem, was ein Partner während der Ehe an Vermögen erwirbt, hat der andere einen rechnerischen Ausgleichsanspruch, falls es zur Scheidung kommt.

Beispiel: Corinna kauft sich nach der Heirat von ihrem Geld ein teures Bild, das sie im gemeinsamen Wohnzimmer aufhängt. Das Bild gehört allein Corinna. Ihr Ehepartner Bernd kann es ihr bei einer Scheidung nicht streitig machen. Da Corinna es nach der Heirat angeschafft hat, ist aber der gesamte Wert des Bildes Zugewinn.

Folge: Sollte es zur Scheidung von Bernd kommen, müsste sie ihm die Hälfte vom Wert des Bildes im Rahmen des Zugewinnausgleichs abtreten.

Wem gehört was?

Vor der Heirat, aber auch jederzeit danach in der Ehe können die Partner in einem Ehevertrag regeln, in welchem Umfang sie sich gegenseitig an ihrem Vermögen beteiligen.

	Zugewinngemeinschaft	Gütertrennung	Gütergemeinschaft
Voraussetzungen	Keine, gilt automatisch, wenn kein Ehevertrag abgeschlossen wird	Gilt nur, wenn durch Ehevertrag wirksam vereinbart	Gilt nur, wenn durch Ehevertrag wirksam vereinbart
Folgen	Jeder Partner behält sein Vermögen und kann während der Ehe eigenes Vermögen hinzuerwerben. Bezüglich dieses hinzuerworbenen Vermögens (= Zugewinn) bilden die Partner quasi eine Gemeinschaft. Ausgenommen sind Erbschaften und Schenkungen.	Jeder Partner behält sein Vermögen und kann während der Ehe eigenes Vermögen hinzuerwerben, kein Unterschied zu Paaren ohne Trauschein	Das gesamte Vermögen jedes Ehegatten wird grundsätzlich gemeinschaftliches Vermögen
Bei einer Scheidung	Der Zugewinn wird auf beide Partner verteilt	Kein Vermögensausgleich	Gesamtgut wird auf beide Partner verteilt

Unter Zugewinn ist der Vermögenszuwachs während der Ehe zu verstehen. Er wird für jeden Ehegatten getrennt berechnet. Schenkungen und Erbschaften bleiben außen vor. Kommt es zur Scheidung, wird der Zugewinnausgleich vorgenommen. Es wird dann ermittelt, wie hoch der während der Ehe erwirtschaftete Vermögenszuwachs beim einzelnen Partner ist. Dieser Zugewinn wird rechnerisch jeweils auf beide Partner verteilt und ausgeglichen, sodass bei jedem Ehegatten im Ergebnis derselbe Vermögenszuwachs vorliegt. Weitere Einzelheiten zur Zugewinngemeinschaft siehe „Regelungen zum Vermögen", S. 145.

Deine Schulden, meine Schulden, unsere Schulden

Viele Ehepaare haben die Vorstellung, dass alle Sachen, die sie im Laufe der Ehe anschaffen, automatisch ihnen beiden gemeinsam gehören. Aber das stimmt nicht, wie wir weiter oben bereits ausführlich dargelegt haben.

Im Prinzip gilt dasselbe für Schulden, die ein Partner zu Beginn der Ehe hat oder nach der Heirat neu eingeht. Verpflichtet zur Rückzahlung ist ausschließlich derjenige, der den Kreditvertrag unterschrieben hat. Daran ändert sich durch Heirat nichts.

Beispiel: Frank hat sich kurz vor der Heirat mit Bettina eine kleine Segeljacht gekauft und dies über Kredit finanziert. Da er allein den Darlehensvertrag unterschrieben hat, ist nur er allein zur Rückzahlung der Raten verpflichtet. Bettina muss nicht für Franks Kredit mit geradestehen, weil sie ihn heiratet. Dasselbe gilt, wenn Frank die Jacht erst nach der Heirat kauft. Nur er allein muss die Raten zurückzahlen.

Derjenige, der die Schulden eingegangen ist, muss den Kredit zurückzahlen. Der andere Partner hat nichts damit zu tun.

Etwas anderes gilt natürlich, wenn beide Partner einen Kreditvertrag unterschrieben haben, egal ob vor oder nach der Heirat, zum Beispiel für die Finanzierung einer Immobilie. Dann haften sie als Gesamtschuldner. Das bedeutet, dass die Bank sich wegen der Rückzahlung wahlweise an den einen oder anderen Partner halten kann. Absprachen untereinander, wer welchen Anteil an der Schuldenlast tragen soll, interessieren die Bank nicht. Das ist wie beim Gemeinschaftskonto, das überzogen wird (siehe „Konto – meins, deins, unseres?", S. 41).

Kann ich mein Geld noch zurückfordern?

In einer Partnerschaft kommt es vor, dass einer dem anderen finanziell unter die Arme greift, wenn der andere aus welchen Gründen auch immer knapp bei Kasse ist oder ein Partner sich gern etwas kaufen möchte, für das ihm augenblicklich die Mittel fehlen.

Beispiel: Claudia hat ihrer Partnerin Meike vor der Hochzeit Geld für ein Auto geliehen. Die beiden haben vertraglich festgelegt, in welchen Raten Meike ihr das Geld zurückzahlen soll. Claudia fragt sich, ob sie das Geld überhaupt noch zurückfordern kann, wenn sie und Meike heiraten.

Leisten Sie niemals vorschnell eine Unterschrift, wenn es um Darlehens- oder Bürgschaftserklärungen für Ihren Partner geht. Auch wenn er Sie dazu drängt, sollten Sie sich der weitreichenden Folgen bewusst sein und im Zweifel besser von der Unterschrift absehen. Stellen Sie sich einfach nur vor, dass Ihre Beziehung wider Erwarten in die Brüche geht. Die Bank interessiert dies nicht. Sie kann Sie aus dem Kreditvertrag oder der Bürgschaft voll in Anspruch nehmen, falls Ihr Partner nicht zahlen kann.

Meins bleibt meins
Egal ob Jacht, Auto oder Haus: Was einer mit in die Ehe bringt, bleibt auch nach der Heirat sein Eigentum.

Claudia muss sich darüber keine Gedanken machen, denn selbstverständlich kann sie das Geld von ihrer Partnerin zurückfordern. Die Heirat ändert nichts daran, dass sie und Meike rechtlich zwei verschiedene Personen bleiben.

Wenn Sie also vor der Heirat Verträge miteinander eingegangen sind, bleiben diese nach der Heirat weiterhin bestehen. Etwas anderes würde nur gelten, wenn Sie in einem Ehevertrag Gütergemeinschaft vereinbaren. Dann wäre Ihr Partner automatisch an der Forderung Ihnen gegenüber beteiligt. Als Ergebnis würden dadurch seine Schulden Ihnen gegenüber neutralisiert, sie fallen also weg.

Wenn Selbstständige Kredite aufnehmen

Ist ein Partner selbstständig tätig, kommt es nicht selten vor, dass er Kredite aufnehmen muss, zum Beispiel um seine Lieferanten zu bezahlen. Das muss den anderen nicht beunruhigen, denn es gilt dasselbe wie bei anderen Verbindlichkeiten auch. Der nicht selbstständige Partner hat keinen Grund zur Sorge, dass er aufgrund der Heirat nun automatisch mit für seinen Partner haftet. Etwas anderes gilt nur, wenn er selbst seine Unterschrift unter einen Kreditvertrag oder eine Bürgschaftserklärung gesetzt hat. Nur in diesem Fall kann ihn die Bank als Kreditnehmer beziehungsweise Bürgen in Anspruch nehmen.

Unterhaltsrückstände

Auch Unterhaltsverpflichtungen und -rückstände gegenüber Kindern aus einer früheren Beziehung müssen den anderen Partner nicht interessieren. Es bleibt alles wie vor der Heirat. Zuständig für die Belange rund um das Kind, auch seinen finanziellen Unterhalt, sind und bleiben die leiblichen Eltern, also Ihr Partner und der andere Elternteil. Wenn Sie also zum Beispiel nach der Heirat umziehen und ein neues Kinderzimmer einrichten müssen, sind Sie nicht verpflichtet, sich an den Kosten zu beteiligen. Mehr zum Unterhaltsrecht siehe „Kinder aus einer früheren Beziehung“, S. 59.

Der Traum von den eigenen vier Wänden

Ein paar Punkte sollten Sie berücksichtigen, damit der Traum vom gemeinsamen Eigenheim eine sichere Basis hat.

Mit der Heirat beginnt für viele ein neuer Lebensabschnitt. Neue Möbel werden angeschafft, Geld für die gemeinsame Zukunft angelegt und besonders junge Paare schmieden Pläne für einen Wohnungskauf oder Neubau. Dabei sind die Eltern der Brautleute häufig mit von der Partie, indem sie ihren Kindern und Schwiegerkindern großzügige Geschenke zur Hochzeit bis hin zur Zuwendung eines Bauplatzes machen.

Bei aller Freude über die bevorstehende Hochzeitsfeier und das junge Glück sollte bei gewichtigen Entscheidungen rund ums Bauen und Kaufen einer Immobilie jeder Schritt besonnen überlegt werden. Ratsam ist es, sich vor den Entscheidungen rechtlich beraten zu lassen. Nur so sind Sie bestmöglich vor bösen Überraschungen gefeit, falls Ihre Ehe eines Tages wider Erwarten in die Brüche gehen sollte.

Das sollten Sie beim Kauf oder Bau beachten

Kaufverträge über Grundstücke, zu denen auch Wohnungskäufe zählen, müssen von einem Notar beurkundet werden, damit sie wirksam sind. Für die Frage, wer Eigentümer der Immobilie ist, kommt es allein auf die Eintragungen im Grundbuch an. Die Wohnung gehört Ihnen zu gleichen Anteilen, wenn Sie im Grundbuch je zur Hälfte als Eigentümer eingetragen werden. Nicht entscheidend ist hingegen, welchen Anteil am Eigenkapital die Ehepartner beim Kauf beigesteuert haben.

Beispiel: Der Ehemann zahlt 60 000 Euro, die Ehefrau 20 000 Euro. Der Rest des Kaufpreises wird über ein Darlehen finanziert, das die Ehepartner gemeinsam aufgenommen haben. Beide stehen gleichberechtigt im Grundbuch.

Für den Fall, dass es eines Tages zur Trennung und Scheidung kommen sollte und die Immobilie veräußert werden soll, sind bei der Auseinandersetzung allein die im Grundbuch ausgewiesenen Eigentumsverhältnisse ausschlaggebend. Erzielt das Ehepaar beim Verkauf der Wohnung im Beispielsfall 150 000 Euro, stehen jedem Ehegatten als Eigentümer 50 Prozent des Erlöses, also 75 000 Euro zu. Unerheblich ist, was die einzelnen Partner zuvor an Eigenkapital aufgebracht haben.

→ **Anteile festhalten**

Um sicherzustellen, dass die Anteile, die Sie beim Erwerb beigesteuert haben, bei einer späteren Verteilung des Verkaufserlöses berücksichtigt werden, sollten Sie diese genau festhalten, am besten in der Notarurkunde. Sie sollten außerdem klarstellen, dass Ihre Zahlungen auf das Eigenkapital berücksichtigt werden, falls es zur Veräußerung der Immobilie kommen sollte. Am besten bitten Sie den Notar, eine entsprechende Regelung vorzubereiten, die er anschließend beurkundet.

Was das Darlehen angeht, sind die Ehegatten als Gesamtschuldner zur Zahlung verpflichtet, wenn beide den Kreditvertrag unterschrieben haben. Die Bank kann sich wahlweise an den einen oder anderen Ehegatten halten.

Unerheblich ist bei einer späteren Veräußerung der Immobilie auch, welchen Anteil jeder Partner am Schuldendienst geleistet hat. Es kann daher ratsam sein, auch hierzu eine Vereinbarung zu treffen. Darin könnte festgelegt werden, wie der Erlös im Fall des Verkaufs verteilt werden soll. Dabei sollte natürlich auch berücksichtigt werden, wenn ein Partner sich jahrelang um die Kinderbetreuung gekümmert hat und nur Teilzeit arbeiten konnte, während der andere Vollzeit gearbeitet hat und dadurch einen größeren finanziellen Beitrag leisten konnte.

Fazit: Immobilien, die Ehegatten gemeinsam erwerben, sind häufig ein Streitfaktor zwischen Paaren, wenn es zur Trennung und Scheidung kommen sollte. Daher sollten Sie beim Erwerb bestmöglich durch entsprechende Regelungen für den Fall der Trennung vorsorgen.

Wenn die Eltern Sie unterstützen

Wenn Eltern dem Hochzeitspaar ein großzügiges Geldgeschenk für den Hauskauf machen, sollten sie sich unbedingt absichern, damit es später keine Auseinandersetzungen gibt. Bei größeren Geldgeschenken ist es dringend zu empfehlen, einen Notar aufzusuchen und den Schenkungsvertrag beurkunden zu lassen. In den Vertrag sollte ein Rückforderungsrecht für den Fall der Scheidung aufgenommen werden. Der Vorteil: Die Eltern können sich auf die Urkunde berufen und das Geld zurückfordern – vor allem von ihrem Exschwiegerkind.

Eine Alternative wäre, das Geld nur dem eigenen Kind zu schenken und dies vertraglich festzuhalten. Dann könnte das Kind, wie oben geschildert, seinen Anteil an den Kosten für das Haus festhalten, damit er bei einem Verkauf berücksichtigt wird.

Wir bauen im Garten der Schwiegereltern

Gar nicht so selten kommt es vor, dass die Eltern oder Schwiegereltern dem glücklichen Paar als Starthilfe das Baugrundstück anbieten, auf dem das zukünftige Haus stehen

Traum vom Eigenheim
Wenn Sie zusammen ein Haus bauen, gehört es Ihnen nicht automatisch gemeinsam. Wer welchen Anteil daran hat, hängt vom Grundbucheintrag ab.

soll. Wichtig ist in diesem Fall, darauf zu achten, dass klare Regelungen bezüglich der Eigentumsverhältnisse an dem Grundstück geschaffen werden. Es kann sonst passieren, dass den Schwiegereltern automatisch das Gebäude gehört, obwohl Sie und Ihr Partner alle Kosten für den Hausbau im Garten bezahlt haben.

“ Dem Eigentümer eines Grundstücks gehört alles, was darauf errichtet wird.

Wenn Schwiegereltern oder Eltern dem Hochzeitspaar also ein Grundstück überlassen, um darauf zu bauen, gehört das Haus ihnen. Die Kinder haben allenfalls einen Anspruch auf Ersatz der Handwerkerkosten für den Bau. Insbesondere in ländlichen Gegenden lassen sich diese wegen der unentgeltlichen Unterstützung durch Nachbarn, Freunde und Verwandte aber häufig nicht vollständig dokumentieren.

Ratsam ist es daher aus der Sicht des Hochzeitspaars, sich vor dem Bau bezüglich des Grundstücks rechtlich abzusichern. Eine Variante wäre, dass die Eltern dem jungen Paar den Bauplatz im Garten schenken, bevor die Handwerker mit dem Bau beginnen. Ein solcher Schenkungsvertrag muss von einem Notar beurkundet werden.

Den Eltern, die das Grundstück verschenken, ist zu empfehlen, dass sie sich Ersatzansprüche für den Fall der Scheidung ihres Kindes vorbehalten. Nur dann sind sie sicher davor geschützt, dass ein Teil des Geschenks beim Exschwiegerkind verbleibt, falls es zur Scheidung kommen sollte.

Die Eltern behalten sich ein Wohnrecht vor

Auch dass Eltern oder Schwiegereltern dem frisch getrauten Ehepaar ihr Haus übertragen und sich selbst ein Wohnrecht vorbehalten, kommt relativ häufig vor. Ein solcher Schenkungsvertrag muss von einem Notar beurkundet werden.

→ Genaue Absprachen treffen

Wichtig ist, dass Sie vorher mit den Eltern absprechen und am besten im Vertrag festhalten, wer für die laufenden Kosten des Hauses, kleinere und größere Reparaturen sowie Instandhaltungsmaßnahmen aufkommen muss. Ohne solche detaillierten Absprachen kann leicht Streit in der Familie darüber entstehen, wer welche Kosten übernehmen muss.

▶ **Die eigenen vier Wände** sind immer ein spannendes, aber auch sehr aufwendiges Projekt. Sie sollten sich so umfassend wie möglich informieren, bevor Sie es angehen. Was bei der Finanzierung wichtig ist, haben wir in unserem Ratgeber „Immobilienfinanzierung" zusammengefasst. Unser „Bauherren-Handbuch" begleitet Sie Schritt für Schritt auf dem Weg zum Kauf oder Bau eines Hauses, das „Handbuch Eigentumswohnung" auf dem Weg zur eigenen Wohnung. Alle Bücher erhalten Sie im Buchhandel oder unter www.test.de/shop.

Füreinander einstehen

Mit der Heirat begründen die Ehepartner eine auf Lebenszeit angelegte Solidargemeinschaft. Sie verpflichten sich, Beiträge für die gemeinsame Haushaltsführung zu leisten. Was dies im Einzelnen bedeutet, erläutern wir Ihnen im nachfolgenden Kapitel.

Nur selten zitieren wir in diesem Ratgeber Paragrafen. Denn meist sind rechtliche Vorschriften für Laien nur schwer verständlich. Eine Ausnahme bildet die Kernvorschrift im Bürgerlichen Gesetzbuch (BGB), die den gegenseitigen Unterhalt der Ehegatten betrifft. Paragraf 1360 BGB ist kurz und knapp und sagt eigentlich alles, was Verheiratete zu diesem Thema wissen müssen: „Die Ehegatten sind einander verpflichtet, durch ihre Arbeit und mit ihrem Vermögen die Familie angemessen zu unterhalten. Ist einem Ehegatten die Haushaltsführung überlassen, so erfüllt er seine Verpflichtung, durch Arbeit zum Unterhalt der Familie beizutragen, in der Regel durch die Führung des Haushalts."

Der Gesetzgeber hatte die „klassische Hausfrauenehe" vor Augen, als er diese Vorschrift verfasste: Danach geht der Mann salopp ausgedrückt auf die Jagd und verdient das Einkommen zum Lebensunterhalt der Familie, während die Frau den Herd hütet.

Aber Achtung: Dieses Ehemodell, auf das sich die Partner natürlich auch weiterhin noch verständigen können, ist aus der Sicht

Gute alte Zeiten?
Es ist noch gar nicht so lange her, dass auch hierzulande die Frau dem Mann zu gehorchen hatte.

der Frau heute nur noch unbedenklich, wenn sie sich durch einen Ehevertrag für den Fall der Scheidung gut absichert. Der Grund: das seit 2008 geltende Unterhaltsrecht, das vom Grundsatz der Eigenverantwortlichkeit geprägt ist. Dies bedeutet, dass jeder Partner nach einer Scheidung im Regelfall wieder selbst für seinen Unterhalt aufkommen muss. Derjenige, der während der Ehe nicht oder nur wenig gearbeitet hat, erhält heute nach einer Scheidung von seinem Expartner nur noch in Ausnahmefällen Unterhalt bis an sein Lebensende .

Lediglich bei einer langen Ehe, Krankheit, hohem Alter oder berufsbedingten Nachteilen aufgrund einer längeren familienbedingten Jobpause besteht heute noch ein nachehelicher Unterhaltsanspruch. Dasselbe gilt, wenn ein Partner nach der Scheidung die Betreuung gemeinsamer Kinder übernommen hat, allerdings nur bis zu einem bestimmten Alter der Kinder.

Falls Sie und Ihr Partner das Modell einer klassischen Hausfrauenehe (die Hausfrau kann natürlich auch ein Hausmann sein) leben möchten, vereinbaren Sie in einem Ehevertrag zumindest für eine gewisse Übergangszeit nach der Scheidung feststehende Unterhaltszahlungen für denjenigen, der wegen der Familie auf den Job verzichtet.

Beim klassischen Hausfrauenmodell ist es nur konsequent und richtig, dass der verdienende Partner verpflichtet ist, dem haushaltsführenden das nötige Wirtschaftsgeld für die Einkäufe und andere Erledigungen im Dienste der Familie zur Verfügung zu stellen. Auch diese Regelung ist seit mehr als einem Jahrhundert im Bürgerlichen Gesetzbuch festgeschrieben.

Darüber hinaus ist der berufstätige Partner verpflichtet, dem anderen ein angemessenes Taschengeld zu gewähren, damit dieser seine persönlichen Bedürfnisse befriedigen kann.

Eine Vereinbarung über die Rollenverteilung treffen

Es ist Ihre Sache, wie Sie die Hausarbeiten verteilen und wie Sie Ihren gemeinsamen Lebensunterhalt finanzieren. Der Gesetzgeber hält sich mit Vorgaben weitestgehend zurück.

In früheren Zeiten war alles noch schön einfach. Da gab es nicht viel zu diskutieren, wenn sich ein junges Paar zur Heirat entschloss. Es war klar, dass die Ehefrau ihren Job spätestens ab dem Hochzeitstag an den Nagel hängte und sich fortan um den Haushalt und die Kinder kümmerte. Der Ehemann sorgte für das Einkommen, für den Unterhalt der Familie. Es war auch völlig selbstverständlich, dass der Ehemann das Sagen und natürlich auch die alleinige Finanzhoheit hatte. Er teilte seiner Frau das Haushaltsgeld zu und ließ sich von ihr Rechenschaft über die Ausgaben ablegen. Es wundert immer wieder, dass diese Zeiten noch gar nicht so lange her sind, wie man vielleicht vermuten könnte.

Erst seit 1958 dürfen Frauen beispielsweise ihr Vermögen, das sie in die Ehe einbringen, selbst verwalten. Vorher lag dies kraft Gesetzes im Zuständigkeitsbereich des Ehemanns, sie hatte kein Wörtchen mitzureden.

Erst seit 1958 haben Ehemänner auch nicht mehr das Recht, einfach den Job ihrer Frauen zu kündigen, wenn es ihnen nicht passt, dass die Gattin arbeiten geht und ihr eigenes Geld verdient.

Eine Frau hat zwei Lebensfragen: „Was soll ich anziehen?" und „Was soll ich kochen?"... Ein Kuchen macht einen Mann sanft und verträglich. Da darf das neue Kleid ruhig etwas mehr kosten.

Aus einer Dr.-Oetker-Werbung aus den 50er-Jahren

Diese Vorstellungen von der Aufgabenverteilung in der Ehe sind heute unvorstellbar. Die „guten alten Zeiten" wünscht sich keiner mehr ernsthaft zurück, zumindest nicht die Frauen. Die moderne Ehe wird als gleichberechtigte Partnerschaft zwischen Mann und Frau verstanden. Folge ist, dass sich Ehepartner einvernehmlich über die Aufgabenverteilung verständigen müssen. Das fängt an bei der Frage, wer den Staubwedel schwingt, die Einkäufe erledigt, die

HÄTTEN SIE'S GEWUSST?

Bis Mitte Juni 1957 gab es eine Regelung im Bürgerlichen Gesetzbuch, nach der die Frau ihrem Mann zum Gehorsam verpflichtet war.

„Dem Manne steht die alleinige Entscheidung in allen Angelegenheiten des gemeinschaftlichen ehelichen Lebens zu. Er bestimmt insbesondere Wohnort und Wohnung. Die Frau ist nur dann nicht verpflichtet, der Entscheidung des Mannes Folge zu leisten, wenn sich die Entscheidung als Missbrauch seines Rechts darstellt."

Erst seit 1977 gilt das Partnerschaftsprinzip, nach dem es keine gesetzlich vorgeschriebene Aufgabenverteilung in der Ehe mehr gibt. Vorher war der Ehemann verpflichtet, das Geld für die Familie zu verdienen, während die Frau sich um den Haushalt und die Kinder kümmern musste.

Finanzen regelt, und hört auf bei der Frage, wer die Betreuung der Kinder übernimmt, wenn sich Nachwuchs ankündigt. Eines steht in diesem Zusammenhang fest: Diskutiert wird in den Ehen heute sicher mehr als in früheren Zeiten, als der Mann bei Widerspruch kurzerhand auf den Tisch haute und ein Machtwort sprach.

Insbesondere jungen Paaren, bei denen beide Partner voll berufstätig und kinderlos sind, ist zu empfehlen, dass sie gemeinsam die Vor- und Nachteile der verschiedenen Familienmodelle diskutieren. Wenn beide den Wunsch haben, auf kürzere oder längere Sicht eine Familie zu gründen, sollten sie sich bereits vor der Heirat zumindest grob über die Aufgabenverteilung verständigen. Das erspart mit einiger Sicherheit späteren Stress und Streit.

Das Ergebnis, das heißt, wie Sie die ehelichen Aufgaben verteilen und den Familienunterhalt sichern, lässt sich natürlich in einem Ehevertrag regeln. Allerdings hat dieser eher eine klarstellende Bedeutung, auf den ein Partner den anderen hinweisen kann, wenn es um die Rollenverteilung geht. Wirklich festnageln kann man seinen Partner darauf nicht. Gehen die Vorstellungen dann später zu weit auseinander, bleibt am Ende oft nur noch die Trennung.

Im Laufe einer Ehe kann es passieren, dass ein Partner seinen Standpunkt zum Thema Kinderbetreuung komplett ändert, weil sich zum Beispiel im Job gerade eine tolle Karrierechance auftut.

Manege frei!

Egal, welches Ehemodell Sie wählen: Es erfordert einiges an Geschick, Kraft und Balance. Am beliebtesten ist die Zuverdienerehe, während sich immer weniger Paare für das traditionelle Modell der Alleinverdienerehe entscheiden.

Alleinverdienerehe

- ⊕ Aufgabenverteilung ist klar geregelt
- ⊕ Splittingvorteil bei der Steuer wirkt sich optimal aus

- ⊖ Probleme, falls der Hauptverdiener arbeitslos wird
- ⊖ Hausfrau/-mann verliert beruflich den Anschluss

Doppelverdienerehe

- ⊕ Größtmögliche Gleichberechtigung
- ⊕ Familie hat mehr Geld
- ⊕ Beide können sich im Job verwirklichen

- ⊖ Stress für beide (insgesamt drei Jobs)
- ⊖ Hohes Streitpotenzial wegen Aufgabenverteilung
- ⊖ Kinder viel fremdbetreut

Zuverdienerehe

- ⊕ Einer hat den Rücken frei für die Karriere
- ⊕ Aufgabenverteilung weitgehend geregelt
- ⊕ Splittingvorteil bei der Steuer

- ⊖ Teilzeitarbeit oft K.o.-Kriterium für Karriere
- ⊖ Stress für den Partner, der Haushalt, Kinder und Job jongliert

Beispiel: Jonas und Sabine vereinbaren bei der Heirat in einem Ehevertrag, dass Sabine bis zum Ende der Grundschule zu Hause bleiben soll, falls sie Kinder bekommen. Als sie mit Eric schwanger ist, eröffnet sich eine Karrierechance im Beruf. Sabine will nun so schnell wie möglich wieder arbeiten und versuchen, Job und Familie unter einen Hut zu bringen. Ihre Idee: Jonas reduziert seine Stundenzahl, und beide kümmern sich um den Haushalt und Eric.

Sabine kann die Regelung im Ehevertrag einseitig aufkündigen, ohne dass sie Repressalien befürchten muss. Jonas hat keinen Anspruch auf Schadenersatz, weil Sabine sich nicht an den Vertrag hält. Es ist auch nicht zulässig, Vertragsstrafen zu fordern.

Eine Vereinbarung über die Rollenverteilung in einem Ehevertrag nutzt außerdem nichts, wenn der Partner, der laut Vertrag eigentlich das Familieneinkommen sichern soll, arbeitslos und ohne Aussicht auf einen neuen Job ist. Dann wäre es geradezu rechtsmissbräuchlich und würde gegen den ehelichen Solidaritätsgedanken verstoßen, wenn der Partner, der laut Vertrag zu Hause bleiben sollte, es ablehnt zu arbeiten.

In so einem Fall müsste dann die Ehefrau, die eigentlich die Kinderbetreuung übernehmen sollte, das Familieneinkommen verdienen, wenn sie einen guten Job hat beziehungsweise schneller einen solchen finden kann als ihr arbeitsloser Mann ohne Jobaussichten.

In einem Ehevertrag lässt sich zwar genau regeln, wie die Aufgabenverteilung in der Ehe gestaltet sein soll. Allerdings haben solche Regelungen lediglich den Rang einer Absichtserklärung. Es ist nicht zulässig, Schadenersatz für den Fall der einseitigen Aufkündigung solcher Regelungen zu vereinbaren. Bei Verstößen drohen demjenigen, der sich nicht an die Vereinbarung hält, also keine Nachteile.

Regelungen zum Schutz

In bestimmten Fällen sollten Sie sich besonders absichern: zum Beispiel, wenn Sie Ihrem Partner ein Studium finanzieren oder in seinem Betrieb mitarbeiten.

Nicht nur, wenn ein Partner für die Familie beruflich zurücksteckt, ist es sinnvoll, klare Regelungen zum Unterhalt zu treffen. Ratsam ist dies auch, wenn einer von Ihnen Kinder aus einer früheren Beziehung in die Ehe mitbringt, er dem anderen beispielsweise ein Studium finanziert oder in dessen Betrieb mitarbeitet.

Kinder aus einer früheren Beziehung

Einen Ehevertrag abschließen sollten Sie, wenn einer von Ihnen oder beide Partner Kinder aus früheren Beziehungen mit in die Ehe bringen. Der Grund: Es ist empfehlenswert, die Kinder besonders abzusichern, denn ein Ehepartner ist gegenüber den Kindern des anderen nicht zum Unterhalt verpflichtet. Dies gilt auch, wenn sie bei ihm mit im Haushalt wohnen.

Beispiel: Birgit und Stefan sind vor fünf Jahren zusammengezogen. Birgit hat eine achtjährige Tochter aus einer früheren Beziehung, die bei ihnen wohnt. Für Birgits Tochter muss Stefan keinen Unterhalt zahlen. Daran ändert sich auch nichts, wenn er und Birgit heiraten. Zum Unterhalt eines Kindes verpflichtet sind stets die leiblichen Eltern, nicht die Ehepartner eines Elternteils. Dies gilt auch, wenn ein Partner verwitwet ist und dann weder Unterhalt noch eine Waisenrente für das Kind erhält.

Leben beide Elternteile und kommen beide ihren Unterhaltspflichten nach, sollte es keine Probleme beim Kindesunterhalt geben. Aber was ist, wenn der zahlungspflichtige Elternteil ausfällt oder verstirbt?

Um für alle Fälle den Unterhalt für Ihr Kind aus einer früheren Beziehung zu sichern, sollten Sie am besten noch vor der Heirat auf eine Vereinbarung in einem Ehevertrag pochen, die Ihren Ehepartner zumindest in Notfällen zum Unterhalt Ihres Kindes verpflichtet.

Entschädigung für Mehrleistung

Welchen Wert haben Wäschewaschen, Bügeln, Einkaufen, Putzen, Kinder rund um die Uhr Betreuen im Vergleich zum Geldverdienen? Der Wert der Beiträge, die Partner für die Haushaltsgemeinschaft leisten, lässt sich vor allem in der klassischen Hausfrauenehe kaum ermitteln. Einfacher ist das möglich, wenn beide Partner berufstätig sind, Geld verdienen und eine Haushaltshilfe den Großteil der Arbeiten erledigt. Aber

Checkliste

Haushaltsführung und Unterhalt

- ☐ **Vereinbarung treffen.** In einem Ehevertrag können Sie schon vor der Heirat festlegen, welchen Anteil an der Finanzierung des Lebensunterhalts sowie der Erledigung der Haushaltsarbeiten jeder Partner übernehmen muss. Aber Achtung: Solche Regelungen sind nicht einklagbar. Hält sich einer der Partner nicht daran, kann der andere nur auf die Vereinbarung pochen, wenn sich diese mit der gesetzlichen Regelung zur Unterhaltspflicht deckt.
- ☐ **Kindesunterhalt sichern.** Wer ein Kind aus einer früheren Beziehung hat, sollte gegenüber seinem Partner am besten noch vor der Heirat darauf bestehen, dass dieser sich zumindest für den Notfall zum Unterhalt des Kindes verpflichtet. Dies lässt sich in einer schriftlichen Vereinbarung festlegen. Ein Notar muss dafür nicht eingeschaltet werden.
- ☐ **Mehrleistungen festhalten.** Wenn Sie Ihrem Partner zum Beispiel über Jahre hinweg sein Studium finanziert haben oder aus anderen Gründen übermäßige Beiträge zum Unterhalt geleistet haben, sollten Sie dies in einer Vereinbarung festhalten. Andernfalls wird es schwierig, im Fall der Scheidung einen Ausgleich durchzusetzen.
- ☐ **Entlohnung für Mitarbeit regeln.** Sie sollten zu Ihrer eigenen Sicherheit gegenüber Ihrem Partner eine angemessene Bezahlung fordern, wenn Sie in seinem Betrieb mitarbeiten. Am besten schließen Sie einen schriftlichen Arbeitsvertrag oder einen Gesellschaftsvertrag mit ihm ab. So vermeiden Sie Streit wegen einer nachträglichen Entlohnung, falls Ihre Ehe in die Brüche gehen sollte.
- ☐ **Nachehelichen Unterhalt regeln.** Sie können schon vor der Heirat vereinbaren, ob und in welchem Umfang ein Partner dem anderen Unterhalt nach der Scheidung zahlen muss, falls es dazu kommt.

Familienbetrieb
Wer im Betrieb mitarbeitet, braucht rechtliche Sicherheit.

auch da müsste ganz genau Buch geführt werden über die Beiträge der einzelnen Partner, um ihre jeweiligen Anteile festzustellen und zu vergleichen. Aus diesem Grund ist es nur richtig, dass der Gesetzgeber davon ausgeht, dass ein Partner vom anderen keinen Ersatz fordert, wenn er einen größeren Anteil übernimmt als der andere. Dabei ist es egal, ob er die Hauptlast bei den Hausarbeiten trägt oder ob er mehr Geld für den Lebensunterhalt beisteuert.

Zur Klarstellung: Es geht bei dieser Regelung nur um den laufenden Unterhalt der Familie. Unterstützt ein Partner den anderen beim Abtragen seiner Schulden, zahlt er Unterhalt an dessen Kinder aus einer früheren Beziehung oder finanziert er ihm ein Studium, greift die Vermutungsregel nicht. Derartige Hilfsleistungen liegen außerhalb der gewöhnlichen Haushaltsführung und -finanzierung. Daher kann ein Ersatzanspruch für solche Mehr- und Sonderleistungen bestehen, falls es zur Trennung kommt.

→ Entschädigung sichern

Auf Nummer sicher gehen Sie, wenn Sie in einem Ehevertrag regeln, dass Sie im Falle einer Trennung eine Entschädigung erhalten, falls Sie beispielsweise Ihrem Partner das Studium finanziert haben.

Mitarbeit im Betrieb

In der Landwirtschaft, in Fleischereien, Bäckereien und der Gastronomie ist es oft seit Generationen üblich, dass derjenige, der in einen Familienbetrieb einheiratet, selbstverständlich mitarbeitet. Oft ist die Mitarbeit sogar notwendig, damit der Betrieb überhaupt rentabel wirtschaften kann. Im Regelfall erhält der mitarbeitende Ehegatte keine oder nur eine sehr geringe Bezahlung. Das durch die Arbeit beider Ehegatten erwirtschaftete Einkommen dient dem Unterhalt der Familie, wird angespart oder in den Betrieb investiert.

Solange die Ehe funktioniert, gibt es meist keine Probleme. Ein anderes Bild zeigt sich jedoch rasch, wenn sie in die Brüche geht. Dann stellt sich die Frage, ob und in welcher Höhe der Partner, der vielleicht schon seit Jahrzehnten unentgeltlich im Betrieb mitgearbeitet hat, nachträglich eine Entlohnung dafür fordern kann.

Man muss dazu wissen, dass die Rechtsprechung davon ausgeht, dass der mitarbeitende Partner im Zweifel keine Bezahlung für seine Leistung erwartet. Im Scheidungsfall nachträglich einen finanziellen Ausgleich für die Arbeit zu fordern ist also nicht einfach.

Schließen Sie daher von Anfang an einen Arbeits- oder Gesellschaftsvertrag mit Ihrem Partner, der Ihnen eine Bezahlung garantiert. Das ist nicht nur für Sie von Vorteil, weil Sie abgesichert sind. Im Normalfall ergeben sich dadurch auch steuerliche Vorteile für den Betrieb.

Einsatz des Vermögens

Für den laufenden Unterhalt der Familie muss keiner der Partner das ihm gehörende Vermögen einsetzen. Nur in Notsituationen gilt ausnahmsweise etwas anderes.

→ **Wenn Sie keinen Ehevertrag** schließen, leben Sie automatisch im gesetzlichen Güterstand der Zugewinngemeinschaft (Einzelheiten siehe auch „Regelungen zum Vermögen", S. 145). Die Folge ist, dass jeder Partner grundsätzlich Eigentümer seines Vermögens bleibt. Er muss es nicht mit seinem Partner teilen.

Diese Regel gilt allerdings nicht ausnahmslos. Wenn zum Beispiel der den Unterhalt der Familie verdienende Partner seinen Job verliert, schwer krank wird oder das Ehepaar aus anderen Gründen in eine wirtschaftliche Notsituation gerät, ist es beruhigend, wenn ein Partner über etwas Vermögen verfügt.

„In einer wirtschaftlichen Notsituation ist der vermögende Ehegatte gehalten, seine verfügbaren Mittel für den Unterhalt der Familie einzusetzen.

Das bedeutet, dass er in diesem Fall nicht nur Erträge aus seinem Vermögen hergeben muss, sondern unter Umständen auch das Vermögen selbst beleihen oder Teile davon veräußern muss, um den Familienunterhalt zu sichern.

Dies gilt natürlich nicht, wenn sich ein Ehepartner ohne triftige Gründe und ohne Absprache mit dem anderen in eine Notsituation bringt, indem er beispielsweise seinen Arbeitsplatz ohne nachvollziehbare Gründe eigenmächtig kündigt.

Heirat und Sozialleistungen

Ist ein Partner nicht in der Lage, seinen Lebensunterhalt zu finanzieren, und bezieht Arbeitslosengeld II (Hartz IV), wird diese Sozialleistung spätestens dann gestrichen, wenn er einen ausreichend verdienenden Partner heiratet.

Wie bereits dargestellt, behandelt der Gesetzgeber Ehepaare als eine wirtschaftliche Solidaritätsgemeinschaft. Beide Partner sind sich gegenseitig zum Unterhalt verpflichtet – mit der Folge, dass der verdienende beziehungsweise besser verdienende Partner für den Unterhalt des anderen aufkommen muss.

Hartz-IV-Leistungen werden jedoch bereits vorher gestrichen, wenn Partner ohne Trauschein zusammenziehen. Für das Jobcenter bilden sie ab diesem Zeitpunkt eine sogenannte Bedarfsgemeinschaft, die füreinander einstehen muss.

Kommt ein unverheirateter Partner für den Unterhalt des anderen auf, kann er dies immerhin steuerlich absetzen. Nach dem Gang zum Standesamt fällt dieser Steuervorteil weg. Mehr dazu siehe „Unterhaltszahlungen nach Heirat", S. 73.

Spätestens mit der Heirat fallen Sozialleistungen eines Partners weg, wenn der andere genug verdient oder über ausreichend Vermögen verfügt, um den Lebensunterhalt beider zu finanzieren.

So sparen Sie Steuern

Verheiratete können bei der Einkommensteuer den Splittingtarif wählen. Der ist meist günstiger als der Grundtarif, aber nicht immer. Bei der Erbschaft- und Schenkungsteuer hingegen locken für Ehepartner stets kräftige Rabatte.

Kurz vor dem Jahreswechsel herrscht bei den Standesämtern noch einmal Hochkonjunktur. Spätestens wenn der Steuerberater den Vorteil errechnet hat oder ein Programm die Zahlen auswirft, kommen viele Heiratskandidaten ins Grübeln und entscheiden sich, mit dem Jawort doch nicht bis zum nächsten Jahr zu warten. Sie ziehen die Trauung schnell entschlossen vor, um sich für das fast abgelaufene Jahr den Splittingtarif bei der Einkommensteuer zu sichern. Denn oft bringt der Splittingvorteil Verheirateten einige Tausend Euro an Ersparnissen beim Finanzamt – Geld genug, um im Frühling oder Sommer des Folgejahrs kräftig zu feiern.

In diesem Kapitel erfahren Sie, wie sich die Heirat auf Ihre Lohn- und Einkommensteuer auswirkt und welche Fallstricke Sie bei der Wahl der Steuerklassen beachten müssen. Außerdem stellen wir die Vorteile bei der Erbschaft- und Schenkungsteuer vor, die der Staat Ehegatten und eingetragenen Lebenspartnern gewährt. Wenn ein oder beide Partner vermögend sind, zahlt sich die Heirat steuerlich in jedem Fall aus.

Lohn- und Einkommensteuer sparen

Selbst wenn Paare ihren Termin beim Standesamt auf den Silvestertag legen, können sie rückwirkend für das gesamte Jahr vom Splittingtarif profitieren.

Ab dem Jahr der Eheschließung können Verheiratete und eingetragene Lebenspartner wählen: Entweder sie geben gemeinsam eine Einkommensteuererklärung ab. Dann greift der Splittingtarif. Oder sie machen ihre Steuererklärung wie auch zuvor jeder für sich. Dann werden sie genau wie Singles nach dem Grundtarif besteuert. Wer im Laufe des Jahres heiratet, sollte schnellstmöglich die Lohnsteuerklassen überprüfen. Meist führt ein Wechsel der Klassen schon einen Monat nach der Änderung unterm Strich zu einem höheren Nettoeinkommen.

Das liegt am Splittingtarif. Dieser kommt durch folgende Rechenakrobatik zustande: Das Einkommen der Partner wird zunächst addiert. Anschließend wird es halbiert – daher der Begriff Splitting. Als Nächstes wird festgestellt, wie hoch die Steuer für die Hälfte des Gesamteinkommens ausfällt. Die auf diese Weise ermittelte Steuer wird sodann verdoppelt.

Beim Blick auf den linear verlaufenden Steuertarif wird schnell klar, wo der Vorteil liegt. Während ein hohes Einkommen in der Spitze mit dem Höchstsatz von 42 Prozent besteuert wird, liegt der Anfangssatz nur bei 14 Prozent. Er steigt dann mit wachsendem Einkommen an. Durch die Ermittlung des Steuersatzes für das halbe Einkommen gelangt man vielfach zu einem niedrigeren Prozentsatz.

Wie Sie an den Beispielen in der Tabelle „Vorteile durch den Splittingtarif" erkennen können, hängt der Splittingvorteil davon ab,

- **wie das Einkommen** zwischen den Ehepartnern verteilt ist,
- **wie hoch das Einkommen** insgesamt ausfällt und
- **wie der Steuertarif** aussieht.

Splittingvorteil selbst errechnen

Losgelöst von der grundsätzlichen Frage, ob eine rein steuerlich motivierte Heirat eine gute Idee ist, empfiehlt sich eine Vergleichsrechnung. Denn nicht in jedem Fall bringt der Splittingtarif die erhofften Steuervorteile. Faustformel: Je größer der Einkommensunterschied bei den Partnern, desto größer der Vorteil. Vielfach können Sie die Vorteile wie folgt selbst errechnen.

Vorteile durch den Splittingtarif

Je größer das Einkommensgefälle der Partner, desto größer der Splittingvorteil. Fällt das Einkommen in etwa gleich hoch aus, zahlt sich eine Heirat zumindest aus steuerlichen Gründen nicht aus.

Einkommen[1] Ehemann (Euro)	Einkommen[1] Ehefrau (Euro)	Splittingvorteil (= Steuerersparnis gegenüber Singles in Euro)
40000	20000	458
30000	60000	913
30000	30000	0
80000	20000	2435

1) Zu versteuerndes Einkommen, Ergebnis ohne Solidaritätszuschlag und Kirchensteuer, www.bmf-steuerrechner.de (Steuertarif 2014)

1. **Nehmen Sie** Ihre letzten Einkommensteuerbescheide und lesen Sie das „zu versteuernde Einkommen" aus den Berechnungen ab.
2. **Geben Sie nun** die jeweiligen Einkommensbeträge unter www.bmf-steuerrechner.de in den Rechner ein, wobei Sie „alleinstehend" auswählen. Die vom Programm ermittelten Steuerbeträge von Ihnen und Ihrem Partner zählen Sie danach zusammen.
3. **Tippen Sie jetzt** Ihr gemeinsames zu versteuerndes Einkommen in den Rechner ein und wählen Sie den Button „Verheiratet beziehungsweise verpartnert".
4. **Zu guter Letzt** vergleichen Sie die vom Rechner ermittelte Steuer mit der Summe der Steuer bei Einzelveranlagungen. Das Ergebnis ist Ihr persönlicher Splittingvorteil.

Netto mehr auf dem Gehaltskonto

Wenn Sie Ihre standesamtliche Trauung souverän gemeistert und sich vom Feiern erholt haben, sollten Sie das Thema Steuer angehen. Das gilt natürlich nur, wenn der Splittingtarif wirklich vorteilhaft für Sie ist. Falls nicht, müssen Sie nichts veranlassen.

Arbeitnehmer können ihre Steuerklassen sofort nach der Heirat bis zum 30. November noch für das laufende Jahr ändern lassen und dafür sorgen, dass der Splittingtarif bei ihren monatlichen Lohnsteuerabzügen berücksichtigt wird. Folge: Dies führt ab sofort zu einem höheren Nettogehalt.

Die Steuerklassen können Sie ändern lassen, indem Sie und Ihr Ehepartner einen Antrag auf Steuerklassenänderung beim zuständigen Finanzamt stellen. Dabei müssen Sie Ihre bisherigen und die gewählten Steuerklassen angeben. Bei der Kombination IV/IV mit Faktor fügen Sie noch Ihr voraussichtliches Jahreseinkommen hinzu.

Waren beide bisher alleinstehend und kinderlos, gehörten sie der Steuerklasse I an, Alleinstehende mit mindestens einem Kind der Steuerklasse II. Dieselben Grundsätze gelten bei Geschiedenen.

Die richtigen Steuerklassen

Verheiratete können zwischen mehreren Kombinationen wählen:

- **IV/IV:** Dies ist die richtige Wahl, wenn beide Partner in etwa gleich viel verdienen.
- **III/V:** Dies führt zur geringsten Steuerbelastung, wenn die Löhne der Partner weit auseinanderliegen.

Faustformel: Der Partner mit dem höheren Verdienst wählt die Steuerklasse III, sofern sein Anteil am Gesamtverdienst beider mindestens 60 Prozent ausmacht.

Nachteil: Der besser verdienende Partner erhält sämtliche Freibeträge für beide Partner, beim weniger Verdienenden mit der Steuerklasse V bleibt oft so wenig vom Bruttoverdienst übrig, dass der Blick auf die Gehaltsabrechnung die Lust am Arbeiten vergehen lässt. Weiterer Nachteil: Bei der Kombination III/V drohen bei der Jahresabrechnung in vielen Fällen kräftige Steuernachzahlungen.

Daher sollten Paare mit unterschiedlich hohen Einkommen über die Kombination IV/IV mit Faktor als Alternative zu III/V nachdenken. Vorteil: Die Steuerabzüge fallen bei IV mit Faktor für den weniger verdienenden Partner nicht ganz so drastisch aus wie in der Steuerklasse V. Der Faktor sorgt dafür, dass beim weniger verdienenden Partner die persönlichen Entlastungsfaktoren schon bei seinem monatlichen Steuerabzug vom Gehalt berücksichtigt werden, wie beispielsweise der Grundfreibetrag sowie der Arbeitnehmer-Pauschbetrag.

Antrag auf Steuerklassenwechsel – Das Formular finden Sie im Internet (www.formulare-bfinv.de, „Formularcenter", dann „Steuerformulare"). Der Wechsel ist einmal jährlich bis zum 30. November möglich, bei Ausnahmen (z. B. Arbeitslosigkeit) auch ein weiteres Mal.

Die Kombination IV/IV mit Faktor führt bei Ehegatten mit unterschiedlichen Einkommen zwar zu einer etwas höheren monatlichen Belastung als die Kombination III/V. Dafür trifft das Faktorverfahren die am Ende tatsächlich geschuldete Steuerlast am ehesten. Es drohen – anders als bei der Kombination III/V – keine hohen Steuernachzahlungen. Es gibt aber auch keinen zinslosen Kredit vom Staat mehr.

Achtung Lohnersatzleistungen

Ist bei einem Partner absehbar, dass er Lohnersatzleistungen – Elterngeld, Krankengeld, Überbrückungsgelder, Kurzarbeitergeld, Arbeitslosengeld I – erhalten wird, sollten Sie dies bei der Steuerklassenwahl beachten.

Lohnersatzleistungen orientieren sich stets am Nettoeinkommen.

Die Steuerklasse III, in der die höchsten Freibeträge berücksichtigt werden, führt daher zu höchstmöglichen Lohnersatzleistungen, die Klasse V zu den geringsten. Aus diesem Grund ist es eine Überlegung wert, dass der weniger verdienende Partner, der Lohnersatzleistungen erwartet, rechtzeitig in die günstige Steuerklasse III wechselt.

Beispiel: Frank und Corinna sind seit einem Jahr verheiratet. Da Corinna ein höheres Einkommen als Frank erzielt, haben sie die Steuerklassenkombination III/V gewählt. Frank hat eine befristete Stelle, die Ende Januar ausläuft und nicht verlängert wird. Sein Bruttogehalt liegt bei 3000 Euro im Monat. Falls er danach nicht sofort einen neuen Job findet, erhält er als Mitglied der Steuerklasse V ab Februar 916 Euro von der Arbeitsagentur, in der Steuerklasse III wären es 1268 Euro.

Die 352 Euro mehr bekommt Frank aber nur, wenn die Steuerklasse III für ihn schon ab Jahresbeginn gilt. Um das höhere Arbeitslosengeld zu sichern, ist es daher wichtig, dass Corinna und er ihre Steuerklassen schon bis zum 31. Dezember tauschen. Denn danach muss die Arbeitsagentur den Wechsel nicht mehr bei der Berechnung des Arbeitslosengeldes berücksichtigen.

Aber Achtung: Wählt der besser verdienende Partner die Steuerklasse V, führt dies zu hohen Lohnsteuerabzügen, die das laufende Einkommen des Ehepaars insgesamt stark schmälern können. Dies wird im Rahmen der Jahresabrechnung zwar korrigiert. Die Steuererstattung erhält das Paar jedoch erst, wenn es nach Ablauf des Jahres die Steuererklärung erstellt und den Bescheid erhalten hat. Für Paare, die sich die hohen laufenden Abzüge für das eine Gehalt nicht leisten können, kann es eine Alternative sein, dass beide die Steuerklasse IV/IV mit Faktor wählen. Der Lohnsteuerabzug fällt dann etwas geringer aus, und die Lohnersatzleistungen sind zumindest höher als in Klasse V.

So steigern Sie Lohnersatzleistungen

Ehe- und Lebenspartnern bringt Steuerklasse III die höchsten Leistungen.

Lohnersatzleistung	Wahl der Steuerklasse	Freibetrag
Elterngeld	Die günstigere Steuerklasse muss in der Regel spätestens im siebten Monat vor Beginn des Mutterschutzes beantragt werden.	Ein Freibetrag in den Lohnsteuerdaten erhöht das Elterngeld meist nicht.
Kurzarbeitergeld	Die günstigere Steuerklasse kann vor, aber auch während der Kurzarbeit beantragt werden.	Ein Freibetrag erhöht das Kurzarbeitergeld nicht.
Arbeitslosengeld I	Die günstigere Steuerklasse wirkt sich aus, wenn sie seit Anfang des Jahres gilt, in dem die Arbeitslosigkeit begann. Später akzeptiert die Arbeitsagentur den Wechsel nur, wenn die neuen Steuerklassen steuerlich sinnvoll sind. Ein Wechsel zu Klasse IV + Faktor ist immer möglich.	Ein Freibetrag erhöht zwar das Arbeitslosengeld I nicht, wirkt sich aber günstig bei der Steuerklasse IV + Faktor aus.
Mutterschaftsgeld	Die günstigere Steuerklasse gilt möglichst schon am Anfang des Jahres, in dem das Kind geboren wird. Sie sollte spätestens drei Monate vor Beginn des Mutterschutzes wirken, denn der Zuschuss zum Mutterschaftsgeld wird vom Nettoverdienst in dieser Zeit berechnet. Der Chef muss einen Wechsel der Steuerklasse nur akzeptieren, wenn er steuerlich sinnvoll ist. Ein Wechsel zur Klasse IV + Faktor ist deshalb immer möglich.	Ein Freibetrag erhöht den Zuschuss zum Mutterschaftsgeld. Frauen beantragen ihn am besten spätestens drei Monate vor dem Mutterschutz, denn der Zuschuss wird vom Nettoverdienst dieser drei Monate berechnet.
Krankengeld (nach Ende der Lohnfortzahlung durch den Arbeitgeber)	Die günstigere Steuerklasse muss beim Krankengeld berücksichtigt werden, wenn die Steuerklasse spätestens einen Monat vor Beginn der Arbeitsunfähigkeit gilt.[1]	Nur Freibeträge, die spätestens einen Monat vor der Arbeitsunfähigkeit gelten, wirken sich aus.[1]

1) Steuerklasse und Freibetrag wirken sich meist aus, da es als Krankengeld häufig 90 Prozent vom Nettoentgelt gibt.

→ **Erkundigen Sie sich**

Am besten, Sie informieren sich frühzeitig bei Ihrem Steuerberater, Ihrem Finanzamt oder einem Lohnsteuerhilfeverein, zu welchen Belastungen die Steuerklassenwahl führt.

Familienzuwachs willkommen

Auch die Geburt eines Kindes führt dazu, dass zumindest ein Partner eine Zeitlang kein Gehalt, sondern Lohnersatz erhält. Häufig ist es die Ehefrau, die Elterngeld für die zwölf Monate nach der Geburt beantragt. Um möglichst viel Geld zu erhalten, muss die werdende Mutter sehr früh in der günstigen Steuerklasse III sein.

Manche wechseln sogar schon, wenn sie hoffen, schwanger zu werden, denn der Antrag für Steuerklasse III muss spätestens sieben Monate vor Beginn des Mutterschutzes gestellt werden.

Beispiel: Miriam erwartet am 26. September 2015 ihr Baby. Der Mutterschutz beginnt am 15. August. Spätestens ab Februar muss sie in der Steuerklasse III sein, um mehr Elterngeld zu erhalten. Da der Antrag auf Änderung der Steuerklasse aber erst ab dem Folgemonat wirkt, muss sie die Steuerklasse bereits im Januar wechseln.

Die Elterngeldstelle berücksichtigt dann für die gesamten zwölf Monate vor der Geburt die Steuerklasse III bei der Berechnung des Elterngeldes. Bei einem Bruttogehalt von 3 000 Euro sind das monatlich 382 Euro mehr als bei Steuerklasse V.

Das Mutterschaftsgeld vom Arbeitgeber hängt ebenfalls von der Steuerklasse ab. Es wird auf Basis der letzten drei Monatsgehälter vor Beginn des Mutterschutzes berechnet. 13 Euro am Tag steuert die Krankenkasse bei, den Rest der Arbeitgeber – bis zur Höhe des Nettogehalts.

Der Arbeitgeber kann den Wechsel in die Steuerklasse III für die Berechnung des Mutterschaftsgeldes allerdings ablehnen, sofern er steuerlich nachteilig ist. Einen Wechsel in die Klasse IV mit Faktor muss er hingegen in

---

Beim Kindergeld ändert sich grundsätzlich nichts, wenn ein Partner ein Kind mit in die Ehe bringt. Wohnt das Kind genau wie vor der Heirat bei ihm, erhält er weiter das laufende Kindergeld. Ist das Kind volljährig und zieht vollständig aus, beantragt und erhält derjenige Elternteil das Kindergeld, der dem Kind Unterhalt zahlen muss. Zahlen beide Elternteile Unterhalt, können sie sich untereinander darauf verständigen, wer das Kindergeld erhalten soll.

Kinder und Steuer nach der Heirat

Wollen Eltern heiraten, die bisher ohne Trauschein zusammengelebt haben, ändert sich bezüglich der Kinder steuerlich kaum etwas. Dasselbe gilt, wenn ein Partner Kinder aus einer früheren Beziehung mit in die Ehe bringt.

	Paar ohne Trauschein	Paar mit Trauschein
Kindergeld	– Die leiblichen Eltern können festlegen, wer von ihnen das Kindergeld erhält. In der Regel ist dies derjenige, bei dem das Kind seinen Hauptwohnsitz hat. – Bringt ein Alleinerziehender ein Kind mit in eine neue Beziehung, erhält er im Regelfall das Kindergeld, wenn das Kind bei ihm wohnt. Daran ändert sich nichts durch die Heirat.	
Kinderfreibetrag	Jeder Elternteil – egal, in welchen Beziehungen sie aktuell leben – erhält die Hälfte. Es hat keine Auswirkung auf den Kinderfreibetrag, wenn ein alleinerziehender Elternteil heiratet.	
Freibetrag für Alleinerziehende	Nur wenn die Partner nicht zusammenleben, erhält der Alleinerziehende den Freibetrag in Höhe von 1 308 Euro im Jahr.	Ziehen sie zusammen, fällt der Freibetrag ab dem Folgemonat weg.
Kinderbetreuungskosten	Die Heirat macht keinen Unterschied. In beiden Fällen sind für Kinder bis zum 14. Lebensjahr bis zu ²/₃ der Aufwendungen, maximal 6 000 Euro pro Jahr, absetzbar, von Eltern oder Ehe- bzw. Lebenspartnern, sofern sie die Kosten tragen. Der Höchstbetrag kann auch aufgeteilt werden.	
Kinderwunschbehandlung, künstliche Befruchtung	Aufwendungen sind steuerlich absetzbar. Achtung: Nur bei Verheirateten übernimmt die gesetzliche Krankenversicherung einen Teil der Kosten.	

jedem Fall akzeptieren. Das bringt zwar nicht ganz so viele Vorteile wie ein Wechsel in die Klasse III, ist im Hinblick auf das Mutterschaftsgeld aber immer noch günstiger als die Klasse V.

Nachteil für Alleinerziehende

Heiratskandidaten, die ein Kind aus einer früheren Beziehung mit in die Ehe bringen und bisher nicht zusammengewohnt haben, gehören wie bereits oben dargestellt der Steuerklasse II an. Es steht ihnen ein Entlastungsbetrag für Alleinerziehende in Höhe von 1308 Euro pro Jahr zu, der in der Lohnsteuertabelle mit eingearbeitet ist.

Dieser Entlastungsbetrag fällt ab dem Folgemonat weg, wenn Alleinerziehende mit ihrem neuen Partner zusammenziehen. Sie sind dann verpflichtet, ihre Steuerklasse umgehend ändern zu lassen. Ziehen die beiden nicht nur zusammen, sondern heiraten, kann der Splittingvorteil den Wegfall des Entlastungsbetrags aber mehr als wettmachen, wenn sie unterschiedlich hohe Einkommen haben. Falls beide in etwa gleich viel verdienen, stehen sie aber unter Umständen steuerlich sogar schlechter da, wenn sie heiraten.

Beispiel: David hat ein Jahreseinkommen von 50 000 Euro. Er ist alleinerziehend mit Kind und erhält daher den Entlastungsbetrag in Höhe von 1308 Euro. Zieht er mit seiner Lebensgefährtin Carla, die ebenfalls 50 000 Euro verdient, zusammen oder heiratet er sie, müssen er und Carla nach der Heirat aufgrund des Wegfalls des Freibetrags unterm Strich 558 Euro mehr ans Finanzamt überweisen – trotz Splittingtarif.

Unterhaltszahlungen nach Heirat nicht mehr absetzbar

Solange Paare ohne Trauschein zusammenleben, sind Unterstützungsleistungen, die ein Partner dem anderen gewährt, bis zu 8354 Euro pro Jahr als außergewöhnliche Belastung absetzbar. Voraussetzung: Der Partner, der die Leistungen erhält, hat kein oder kaum Einkommen. Zu den Unterstützungsleistungen zählen Geld- und Sachleistungen. Wer beispielsweise seinen bedürftigen Partner in seinem Haushalt aufnimmt, braucht keine Kosten nachzuweisen und kann stets den Höchstbetrag absetzen, wenn der Partner kein Einkommen hat.

Ab der Heirat fällt dieser Steuervorteil weg. Unterstützungsleistungen sind nicht mehr absetzbar. Trotzdem kann sich die Heirat bei der Steuer positiv auswirken.

Beispiel: Anna wohnt seit einem Jahr mit ihrem Lebensgefährten Jürgen zusammen. Daraufhin strich das Sozialamt seine Leistungen zum Lebensunterhalt, da Anna genug verdiente, um Jürgen zu unterstützen. Immerhin konnte Anna, die als Ledige der Steuerklasse I angehörte, diese Unterstützungsleistungen bis zu 8354 Euro bei ihrer Steuererklärung geltend machen. Dies führte bei ihr zu einem steuerpflichtigen Einkommen von 25 000 Euro und einer Einkommensteuer von 4261 Euro.

Nach der Heirat kann Anna die Unterhaltszahlungen an Jürgen nicht mehr absetzen. Ihr Einkommen erhöht sich um die nicht mehr absetzbaren Unterstützungsleistungen von 8354 Euro auf 33 354 Euro. Dafür zahlt sie bei gemeinsamer Einkommensteuerveranlagung 3720 Euro an Einkommensteuer plus Solidaritätszuschlag. Trotz Wegfall der außergewöhnlichen Belastungen spart sie aufgrund der Heirat (Splittingtarif) immer noch 541 Euro pro Jahr.

Erbschaft und Schenkung

Das Finanzamt gewährt Verheirateten und eingetragenen Lebenspartnern bei der Erbschaft- und Schenkungsteuer hohe Freibeträge und besteuert sie nach günstigen Tarifen.

Ehepartner und eingetragene Lebenspartner können ihr Vermögen in den meisten Fällen steuerfrei verschenken oder vererben. Denn mindestens 500 000 Euro sind steuerfrei. Und das Gute: Alle zehn Jahre wird der Freibetrag neu gewährt. Wer also rechtzeitig zu Lebzeiten anfängt, sich von Teilen seines Vermögens zu trennen, kann den Fiskus weitestgehend ausbremsen. Aber nur unter der Voraussetzung, dass er vorher den Gang zum Standesamt antritt. Tut er das nicht, bestraft ihn das Finanzamt regelrecht.

Beispiel: Martin und Daniela sind verheiratet. Martin besitzt mehrere Millionen Euro. Wenn er heute seiner Frau ein Aktiendepot im Wert von 500 000 Euro schenkt, bleibt der Fiskus außen vor. Nach zehn Jahren kann er Daniela dann wieder Vermögen im Wert von 500 000 Euro übertragen – ebenfalls steuerfrei, da der Freibetrag nun erneut gewährt wird. Stirbt er weitere zehn Jahre später, kann Daniela weiteres Vermögen im Wert von 500 000 Euro steuerfrei erben. Hinzu kommen im Erbfall noch der Versorgungsfreibetrag von 256 000 Euro, der Freibetrag für Hausrat von 41 000 Euro

Steuersätze

Ehepartner, gesetzliche Lebenspartner und Kinder zahlen in der Steuerklasse I für Erbschaft und Schenkung nur 7 bis 30 Prozent Steuern. Bei Geschwistern in der Steuerklasse II sind es schon 15 bis 43 Prozent.

Steuerpflichtiges Erbe oder Geschenk bis … Euro	Steuern in Prozent bei Steuerklasse		
	I	II	III
75 000	7	15	30
300 000	11	20	30
600 000	15	25	30
6 000 000	19	30	30
13 000 000	23	35	50
26 000 000	27	40	50
Über 26 000 000	30	43	50

sowie der Freibetrag für andere Güter von 12 000 Euro. Hingegen liegt der Freibetrag für Paare ohne Trauschein bei gerade mal 20 000 Euro. Auch den gewährt das Finanzamt immerhin alle zehn Jahre erneut.

Niedrigere Erbschaftsteuersätze

Neben den hohen Freibeträgen, die Verheiratete bei Erbschaften und Schenkungen erhalten, genießen sie einen weiteren Vorteil: Sie werden nach der günstigen Steuerklasse I statt III besteuert. Diese Steuerklassen haben nichts mit den Steuerklassen bei der Lohnsteuer zu tun. Bei Erbschaften fallen die Steuersätze bei unverheirateten Lebenspartnern je nach Umfang des Vermögens doppelt so hoch aus wie die von Verheirateten (siehe Tabelle links).

Beispiel: Monika schenkt ihrem Lebenspartner eine wertvolle Gemäldesammlung im Wert von einer Million Euro. Nach Abzug des Freibetrags von 20 000 Euro ist ein Vermögenswert von 980 000 Euro zu versteuern. Der Steuersatz liegt bei 30 Prozent. Also fordert das Finanzamt 294 000 Euro Schenkungsteuer. Anders, wenn Monika mit ihrem Lebenspartner verheiratet wäre. Der Freibetrag liegt dann bei 500 000 Euro, also sind nur 500 000 Euro steuerpflichtig. Außerdem beträgt der Steuersatz laut Steuerklasse I bei Vermögen bis 600 000 Euro 15 Prozent statt 30 Prozent wie in Steuerklasse III. Das Finanzamt berechnet also 75 000 Euro Schenkungsteuer, 219 000 Euro weniger als beim Verzicht auf den Trauschein.

Familienheim bleibt steuerfrei

Anders als Paaren ohne Trauschein steht Verheirateten ein weiteres Steuerprivileg zu: Sie können das selbst genutzte Familienheim losgelöst vom Freibetrag steuerfrei übertragen.

Beispiel: Hans und Simone sind verheiratet. Sie wohnen in einem Haus in Starnberg im Wert von 1,5 Millionen Euro, das Hans vor der Heirat gebaut hat und ihm allein gehört. Hans kann Simone das Haus steuerfrei schenken oder es ihr vererben, ohne dass der Freibetrag von 500 000 Euro überhaupt angetastet wird. Dieser steht für die Übertragung weiteren Vermögens zur Verfügung.

Wer Vermögen an seinen Lebenspartner verschenken oder vererben will, sollte in jedem Fall über eine Heirat nachdenken.

Versicherungen optimieren

Wer mit seinem Partner schon länger zusammenlebt und die Versicherungen nach dem Zusammenziehen angepasst hat, muss aufgrund der geplanten Heirat meist keine großen Änderungen vornehmen. Dennoch gehören alle Policen auf den Prüfstand.

Wer beschäftigt sich schon gern mit Versicherungen? Neben der Steuer gehört dieses Thema sicherlich zu den unbeliebtesten. Kein Wunder, die seitenlangen Erläuterungen und kleingedruckten Klauseln sind nicht gerade leserfreundlich. Trotzdem: Versicherungen sind wichtig, um sich vor Schäden und für Haftungsfälle abzusichern.

In diesem Kapital erklären wir Ihnen, was Sie als Ehepaar wirklich an Versicherungsschutz brauchen und worauf Sie getrost verzichten können. Gute Nachricht: Sie benötigen weniger, als Sie vielleicht vermuten. Weitere positive Nachricht: Die Versicherer – mit Ausnahme der Krankenversicherung – behandeln Paare ohne Trauschein weitestgehend wie Verheiratete. Daher sind wegen der Heirat selbst oft gar keine großen Änderungen vorzunehmen – vorausgesetzt, Sie haben die Verträge anlässlich Ihres Zusammenziehens bereits angepasst. Da es aber auch in diesem Fall nicht schadet, den Versicherungsordner hin und wieder durchzublättern, sollten auch Sie weiterlesen. Vielleicht stoßen Sie noch auf Punkte, die Sie ändern können – und die bares Geld in die Haushaltskasse bringen.

Krankheit und Pflege

Jeder muss in Deutschland eine Kranken- und Pflegeversicherung haben – entweder eine gesetzliche oder eine private.

Angestellte, die mit ihrem Jahresbruttoeinkommen unterhalb der Versicherungspflichtgrenze für die Kranken- und Pflegeversicherung von derzeit 54900 Euro liegen, sind automatisch in der gesetzlichen Krankenkasse pflichtversichert. Für Arbeitnehmer, die am 31. Dezember 2002 privat versichert waren, gilt eine Grenze von 48600 Euro.

Selbstständige Künstler und Publizisten sind ebenfalls bis zu diesen Einkommensgrenzen in der gesetzlichen Krankenkasse pflichtversichert, wenn sie Mitglied der Künstlersozialkasse sind.

Die Beitragshöhe für gesetzlich Krankenversicherte hängt vom Gehalt ab. Der allgemeine Beitragssatz liegt 2015 bei 14,6 Prozent des Bruttogehalts, wobei 7,3 Prozent der Arbeitgeber übernimmt. Die weiteren 7,3 Prozent sowie einen Zusatzbeitrag, den jede Kasse individuell festlegt, zahlen Arbeitnehmer selbst. Der Betrag wird wie die Lohnsteuer direkt vom Gehalt einbehalten.

Wer als Pflichtversicherter mit seinem Gehalt ein Jahr lang über der Versicherungspflichtgrenze von 54900 Euro liegt, kann wählen: Entweder bleibt er weiter freiwillig in der gesetzlichen Versicherung oder er sichert sich privat ab. Auch dann übernimmt der Arbeitgeber einen Teil der Beiträge.

Bei Beamten und vielen Selbstständigen sieht es anders aus. Sie sind nicht in der gesetzlichen Krankenkasse pflichtversichert. Die Selbstständigen müssen ihre Beiträge zur Krankenversicherung komplett allein aufbringen. Beamte profitieren hingegen von Beihilfeansprüchen. Im Krankheits- und Pflegefall übernimmt ihr Dienstherr einen bestimmten Prozentsatz der Kosten. Nur den Rest müssen sie versichern. Beamte

Eine Orientierungshilfe zu der grundlegenden Entscheidung, ob Sie sich besser privat oder gesetzlich versichern, sowie zu allen anderen Fragen rund um Ihren Versicherungsschutz bietet der „Gut versichert" der Stiftung Warentest. Sie erhalten ihn ab November 2015 im Buchhandel oder unter www.test.de/shop.

sind daher in der Regel privat versichert, denn andernfalls würden sie den Beihilfeanspruch gegenüber ihrem Dienstherrn verschenken.

Unter bestimmten Voraussetzungen können nicht pflichtversicherte Selbstständige frei wählen zwischen der privaten und der gesetzlichen Versicherung. Auf Antrag werden sie in einer gesetzlichen Krankenkasse aufgenommen, sofern sie unmittelbar vorher mindestens zwölf Monate oder in den zurückliegenden fünf Jahren mindestens 24 Monate gesetzlich versichert waren.

Falls Sie zu den Angestellten oder Selbstständigen gehören, die wählen können, ob sie sich gesetzlich oder privat versichern, sollten Sie sich gut informieren, bevor Sie eine Entscheidung treffen. Es gibt gute Gründe, die für die eine und die andere Wahl sprechen.

Aber Achtung: Planen Sie und Ihr Partner, nach der Heirat eine Familie zu gründen, sollten Sie bei Ihren Überlegungen die Vorteile der gesetzlichen Familienversicherung mit einbeziehen (siehe die nachfolgenden Erläuterungen zur gesetzlichen Krankenversicherung). Macht ein gesetzlich versicherter Ehepartner nach der Geburt eines Kindes für eine Zeitlang Pause im Job, lässt sich die gesamte Familie über die gesetzliche Krankenkasse des weiter arbeitenden Partners mit absichern. Diesen Vorteil bietet die private Versicherung nicht.

Bedenken Sie auch: Wer einmal in die private Krankenversicherung gewechselt ist,

Checkliste

Versicherungsbedarf für Paare / Ehepaare

So manches, was Versicherer anpreisen, ist verzichtbar. Nicht jedoch die folgenden Versicherungen. Sie sind für Paare entweder dringend notwendig oder sehr zu empfehlen:

- ☐ Privathaftpflichtversicherung
- ☐ Kranken- und Pflegeversicherung
- ☐ Berufsunfähigkeitsversicherung
- ☐ Risikolebensversicherung
- ☐ Kfz-Versicherung
- ☐ Auslandsreise-Krankenversicherung

Je nach Lebenssituation kommt weiterer Schutz hinzu, z. B. eine Wohngebäudeversicherung für ein eigenes Haus oder eine Tierhalterhaftpflicht, falls ein Vierbeiner zur Familie gehört.

Tipp: Wenn Sie bereits Kinder haben oder Nachwuchs bekommen, ist der Abschluss einer Kinderinvaliditätsversicherung empfehlenswert.

kommt nur sehr schwer in die gesetzliche Krankenversicherung zurück, nach dem 55. Lebensjahr in der Regel gar nicht mehr. Die private Krankenversicherung kann im Alter zu einer enormen finanziellen Belastung werden. Anders als in der gesetzlichen Krankenversicherung hat Ihr Einkommen keinen Einfluss auf die Beitragshöhe.

Gesetzliche Kranken- und Pflegeversicherung

Die gesetzliche Krankenversicherung bietet Verheirateten Vorteile. Ist ein Ehepartner nicht berufstätig oder verdient er nur sehr wenig, können Verheiratete – anders als Paare ohne Trauschein – von der beitragsfreien Familienversicherung profitieren. Diese gilt nicht nur für die Kranken-, sondern auch für die Pflegeversicherung.

Beitragsfrei mitversichern lässt sich der Ehepartner, wenn er die folgenden Voraussetzungen erfüllt:

- **Sein Gesamteinkommen** liegt unter der Grenze von 405 Euro pro Monat. Bei geringfügig Beschäftigten gilt eine Einkommensgrenze von 450 Euro im Monat.
- **Er ist nicht versicherungsfrei,** zum Beispiel als Beamter.
- **Er ist nicht hauptberuflich** selbstständig tätig.
- **Er ist nicht selbst Mitglied** einer Kranken- und Pflegekasse.
- **Er hat sich von der** Versicherungspflicht nicht befreien lassen.

→ Sprechen Sie mit Ihrer Krankenkasse

Damit Sie die Vorteile der Familienversicherung direkt ab der Heirat beanspruchen können, sollten Sie sich schon eine Zeitlang vorher von Ihrer Krankenkasse beraten lassen und gegebenenfalls die Krankenversicherung des mitzuversichernden Partners fristgerecht kündigen.

Bekommt das Paar Kinder oder hat es bei der Heirat bereits gemeinsame Kinder, können die Kinder ebenfalls beitragsfrei mitversichert werden.

Bringt ein Partner Kinder aus einer früheren Beziehung mit in die Ehe, ändert sich durch die Heirat bezüglich der Krankenversicherung des Kindes nichts.

Anders kann dies bei Paaren sein, die bereits vor der Heirat gemeinsame Kinder hatten: Wenn ein Elternteil des Kindes gesetzlich, das andere privat versichert ist, kann sich der Gang zum Standesamt hinsichtlich der Krankenversicherung als Nachteil entpuppen.

Beispiel: Matthias und Charlotte leben als Paar ohne Trauschein zusammen. Sie haben eine gemeinsame Tochter Friederike, die über Charlotte in der gesetzlichen Krankenversicherung mitversichert ist. Matthias ist der Hauptverdiener der Familie. Er liegt mit seinem Einkommen über der Pflichtversicherungsgrenze und ist privat krankenversichert. Wenn Matthias und Charlot-

Mehr Geld
Ehepaare können bei der Krankenversicherung oft sparen. Bei Haftpflicht, Hausrat und Co. reicht ein Vertrag.

te heiraten, kann Friederike nicht mehr bei Charlotte kostenlos mitversichert bleiben. Denn dafür ist das Einkommen ihres Vaters zu hoch. Friederike kann nach der Heirat wie ihr Vater entweder ebenfalls privat versichert werden oder als freiwilliges Mitglied der gesetzlichen Krankenversicherung. In beiden Fällen fallen circa 100 Euro pro Monat zusätzliche Kosten für ihre Krankenversicherung an.

Tipp: Erkundigen Sie sich in ähnlichen Fällen bei Ihrer gesetzlichen Krankenversicherung, wie sich die Heirat auf die Krankenversicherung der bisher mitversicherten Kinder auswirkt.

Private Kranken- und Pflegeversicherung

Bei Selbstständigen, die privat krankenversichert sind, ändert sich durch die Heirat nichts. Es gibt keine Partnertarife für Ehepaare. Will sich der Ehepartner auch privat versichern, muss er die bereits genannten Voraussetzungen erfüllen, einen eigenen Vertrag abschließen und eine Gesundheitsprüfung vornehmen lassen. Das private Versicherungsunternehmen entscheidet dann, ob es den Antragsteller aufnimmt und wie hoch der Beitrag ist.

Beihilfeanspruch für Krankheitskosten bei Beamten

Beamte bekommen ab der Heirat meist nicht nur höhere Gehaltszuschläge, sondern Ehepartner und gemeinsame Kinder haben genau wie der Beamte selbst einen Beihilfeanspruch. Allerdings gilt dies beim Ehepartner nur, wenn er geringes eigenes Einkommen hat. Die exakte Einkommensgrenze hängt vom jeweiligen Dienstherrn ab. Sie liegt in der Regel bei einem Bruttojahreseinkommen von 18 000 Euro (Ausnahmen: Baden-Württemberg, Bremen, Hessen, Rheinland-Pfalz und Saarland).

Da jedes Bundesland eigene Beihilfevorschriften hat, sollten Sie die Informationen zum Beihilfeanspruch bei der für Sie zuständigen Besoldungsstelle abfragen. Sofern ein Beihilfeanspruch besteht, muss der Ehepartner genau wie der Beamte eine eigene Versicherung über den von der Beihilfe nicht gedeckten Anteil abschließen.

Haftung für Schäden

Auf Versicherungsschutz für den Fall, dass Sie anderen Schäden zufügen, sollten Sie niemals verzichten.

Schon kleine Unachtsamkeiten können im schlimmsten Fall Schäden in Millionenhöhe nach sich ziehen. Diesem Risiko sollte sich niemand aussetzen. Wie schnell ist es passiert, dass man stolpert und eine unglücklich stehende Vase zu Bruch geht. Nicht ganz so schlimm, wenn es die eigene ist. Geschieht dies jedoch in der Wohnung von Freunden und Bekannten, sind die Scherben nicht nur peinlich, sondern mitunter auch teuer.

Kostspielig kann es auch werden, wenn Sie andere Personen schädigen, Sie beispielsweise als Radfahrer einen Unfall verursachen, durch den ein Fußgänger bleibende Verletzungen davonträgt und nicht mehr arbeitsfähig ist. Ohne Haftpflichtversicherung kann da schnell die finanzielle Existenz gefährdet sein.

Eine Privathaftpflichtversicherung ist daher ein Muss – egal ob verheiratet oder nicht. Sie bietet viel Schutz für wenig Geld. Achten Sie beim Abschluss der Versicherung darauf, dass sie einen Deckungsschutz von mindestens fünf Millionen Euro hat.

Eine gute Haftpflichtversicherung ist für weniger als 100 Euro pro Jahr zu haben.

Partner, die schon seit längerer Zeit zusammenleben, können schon vor der Heirat auf eine zweite Police verzichten. Ein Partner kann in den Vertrag des anderen mit aufgenommen werden, wenn beide unter einer Anschrift leben. Den zweiten Vertrag können Sie zum nächsten Termin ordentlich kündigen, sparen also die Beiträge für eine zweite Versicherung.

Wenn Sie heiraten und bisher zwei Haftpflichtpolicen hatten, können Sie einen der beiden Verträge ohne die Einhaltung von

Bei der Kfz-Haftpflichtversicherung ändert sich nichts durch die Heirat. Sie sollten dem Versicherer nur eine eventuelle Namens- und Adressenänderung mitteilen.

Fristen direkt kündigen. Aber Vorsicht: Für Schäden, die Sie und Ihr Partner sich untereinander zufügen, besteht bei einem gemeinsamen Vertrag kein Versicherungsschutz mehr.

Beispiel: Sie schieben Ihr Fahrrad aus der gemeinsamen Garage und beschädigen dabei versehentlich das Auto Ihres Partners. Reparaturkosten: 500 Euro. Der Haftpflichtversicherer zahlt nicht, weil Sie nur eine gemeinsame Police haben, die für untereinander angerichtete Schäden nicht aufkommt.

→ Achtung Patchworkfamilie

Leben Sie mit Ihren Kindern aus früheren Beziehungen bisher ohne Trauschein zusammen, sollten Sie und Ihr Partner bei Ihren Versicherern nachfragen, ob alle Familienmitglieder Schutz genießen. Erst wenn die Versicherer das bestätigen, können Sie auf eine Police verzichten. Nach der Heirat besteht im Regelfall Schutz für die ganze Familie.

Zuhause, Alltag und Beruf

Ob Sie Ihren Hausrat gegen Schäden versichern, Rechtsschutz wünschen und Ihre Familie für den Fall der eigenen Berufsunfähigkeit absichern wollen, ist Ihre persönliche Entscheidung.

Es gibt Menschen, die auf Nummer sicher gehen wollen und den Wunsch haben, sich bestmöglich abzusichern. Andere nehmen bestimmte Risiken in Kauf und verzichten auf Schutz für den Fall des Falles. Hausrat- und Rechtsschutzversicherung sind nicht zwingend notwendig. Ratsam ist aber eine Berufsunfähigkeitsversicherung.

Hausratversicherung

Anders als für die private Haftpflichtversicherung, die jeder haben sollte, lässt sich für die Hausratversicherung keine allgemeine Empfehlung geben. Wie wichtig ist es Ihnen, dass Ihre Möbel, elektronischen Geräte, CDs, Bücher, Haushaltsgeräte und andere Einrichtungsgegenstände gegen Feuer, Einbruch und Sturm versichert sind? Ab einem gewissen Wert der Einrichtung ist dies sicher sinnvoll. Vor allem, wenn die finanziellen Polster nicht so groß sind, dass Sie mal eben eine neue Einrichtung im Wert von einigen Zehntausend Euro bezahlen könnten, falls die Wohnung abbrennt.

Sind Sie bereits vor der Heirat zusammengezogen und haben eine Hausratversicherung abgeschlossen, müssen Sie nach der Heirat nichts veranlassen. Wenn ein Partner beim anderen in die Wohnung eingezogen ist, der bereits eine Police hatte, sollte der Versicherungsschutz entsprechend aufgestockt worden sein. Ist das nicht passiert, holen Sie das jetzt nach.

Haben Sie bisher getrennt gelebt und ziehen anlässlich der Hochzeit zusammen, sollten Sie den Wert Ihres Hausrats schätzen und abwägen, ob Sie Versicherungsschutz wünschen oder nicht. Haben Sie und Ihr Partner je einen Vertrag, können Sie als Verheiratete den später abgeschlossenen Vertrag außerordentlich und ohne Einhaltung von Fristen kündigen.

Rechtsschutzversicherung

Ein Unfall auf dem Weg zum Sport, Streit mit dem Vermieter, Stress mit dem Arbeitgeber – in Alltag und Beruf kommt es selbst bei friedliebenden Menschen vor, dass sie sich mit anderen streiten müssen, um zu ihrem Recht zu kommen. In solchen Fällen ist es dann unter Umständen unvermeidbar, einen Anwalt einzuschalten. Eine Rechtsschutzversicherung übernimmt die Anwalts- und Gerichtskosten, sofern der Rechtsstreit einen Bereich betrifft, der über den jeweiligen Versicherungsvertrag abgesichert ist. Die Versicherer bieten die Bereiche, die ihre Kunden absichern können, in einer Art Baukastensystem an: Privates, Beruf und Verkehr sowie Rechtsschutz für Mieter und Eigentümer.

Ratsam ist für Autofahrer Verkehrsrechtsschutz. Wie schnell kann es passieren, dass man in einen Unfall verwickelt wird?! Wichtig wird die Police besonders, wenn man bei einem Unfall verletzt wurde und Schmerzensgeld oder gar eine lebenslange Rente einklagen muss.

„Eine Rechtsschutzversicherung ist kein Muss. Allenfalls im Verkehrsrecht ist sie empfehlenswert.

Genau wie bei Paaren ohne Trauschein, die zusammenleben, kann der Ehepartner über die Police mitversichert werden. Dies ist auf der einen Seite positiv, hat aber auch Nachteile. Denn sollte es eines Tages zu Streitigkeiten zwischen den Partnern kommen, übernimmt die Versicherung keine Kosten – egal, welcher Bereich betroffen ist.

Wenn jeder der Partner bisher eine Rechtsschutzpolice hatte, können Sie nach der Heirat eine davon ohne die Einhaltung von Fristen kündigen.

Tipp: Vergleichen Sie bei der Entscheidung, welche Police Sie kündigen, nicht nur die Prämien, sondern auch die Bereiche, die abgesichert sind. Andernfalls vergleichen Sie Äpfel mit Birnen und kündigen am Ende die Police mit dem besseren Preis-Leistungs-Verhältnis.

Eine Unfallversicherung ist kein Ersatz für eine Berufsunfähigkeitsversicherung. Sie zahlt nur nach Unfällen. Unfälle sind aber viel seltener Grund für eine Berufsunfähigkeit als Krankheiten.

Berufsunfähigkeitsversicherung

Werden Sie als Arbeitnehmer aus gesundheitlichen Gründen berufsunfähig, erhalten Sie nur unter engen Voraussetzungen eine Erwerbsminderungsrente aus der gesetzlichen Rentenversicherung. So besteht ein Anspruch zum Beispiel nur, wenn Sie in einem Zeitraum von fünf Jahren vor Eintritt der Berufsunfähigkeit mindestens drei Jahre lang Pflichtbeiträge an die Rentenversicherung gezahlt haben. Aber auch wenn Sie diese Voraussetzung erfüllen, fällt die Rente in der Regel sehr mager aus. Die Höhe hängt in erster Linie von den bisher geleisteten Beiträgen ab.

Aus diesem Grund ist es für jeden Arbeitnehmer ratsam, über eine zusätzliche private Berufsunfähigkeitsversicherung nachzudenken. Sie sichert regelmäßige Einkünfte für den Fall, dass Sie Ihren Beruf aus gesundheitlichen Gründen nicht mehr ausüben können.

Bei Selbstständigen und Berufseinsteigern besteht die Gefahr, dass sie die Vorgaben für die gesetzliche Erwerbsminderungsrente überhaupt nicht erfüllen. Sie sind daher komplett auf sich gestellt, wenn sie aus gesundheitlichen Gründen nicht in der Lage sein sollten, ihren Beruf auszuüben.

In diesen Fällen gewährleistet eine private Berufsunfähigkeitsversicherung Schutz. Zu beachten ist allerdings, dass die Policen vergleichsweise teuer sind. Außerdem nehmen die Versicherer strenge Gesundheitsprüfungen vor, um ihre eigenen Risiken möglichst klein zu halten.

Wenn Sie bereits eine Berufsunfähigkeitsversicherung haben und nun heiraten und eine Familie gründen wollen, können Sie bei vielen Versicherern über eine sogenannte Nachversicherungsgarantie Ihre Berufsunfähigkeitsrente aufstocken, ohne erneut Fragen zur Ihrer Gesundheit beantworten zu müssen.

→ Prämien anpassen

Erkundigen Sie sich nach den Bedingungen für die Aufstockung und erhöhen Sie Ihre Rente, falls Ihr monatliches Einkommen die höheren Prämien zulässt.

▶ **Unter www.test.de/versicherungscheck können Sie kostenlos und mit wenigen Klicks interaktiv Ihren gesamten Versicherungsschutz überprüfen.**

Beispiele aus dem Leben

Jede Ehe ist einzigartig. Dennoch gilt: Es gibt Fragen, die von der jeweiligen Lebenssituation der Paare abhängen. Mit unseren Praxisfällen wollen wir Sie in diesem Kapitel dort abholen, wo Sie zum Zeitpunkt der Heirat stehen.

Junge berufstätige Paare, die zum ersten Mal zum Standesamt gehen, haben bei der Heirat andere Punkte für sich zu klären als Patchworkfamilien oder Partner im Rentenalter, die erwachsene Kinder aus einer früheren Beziehung oder Ehe haben. Je nach Alter und Lebenslage, Einkommen und Vermögen, Zahl der minderjährigen Kinder, die im Haushalt leben, stellen sich andere Fragen.

In diesem Kapitel beantworten wir die wichtigsten Fragen anhand von Praxisfällen, angefangen bei jungen Paaren bis hin zu Partnern im Rentenalter, die sich zur Heirat entschlossen haben. So bekommen Sie viele nützliche Anregungen, wie Sie das eine oder andere bei sich am besten regeln können. Klar, dass wir Ihre individuelle Situation nicht eins zu eins in ein Beispiel packen können. Vielleicht sind Sie jung und kinderlos, aber einer von Ihnen besitzt wie unsere Patchworkfamilie bereits ein Haus. Schmökern Sie daher auch in den Praxisfällen, die nicht auf den ersten Blick Ihre Lebenslage widerspiegeln. Auch sie können sich in Teilen mit Ihrer Situation decken.

Junges Glück: Einfach heiraten

Sind beide Partner jung, kinderlos und berufstätig, ist ein Ehevertrag nicht so wichtig. Dafür stellen sich oft praktische Fragen, zum Beispiel, wie sie die Finanzen am besten regeln.

→ **Beispiel 1:** Junges berufstätiges Paar, keine Kinder, sie wohnen in einer Mietwohnung.

Nina Schüller und Björn Sommer (28 und 29 Jahre alt) sind vor zwei Jahren zusammengezogen. Sie haben eine Drei-Zimmer-Wohnung, die sie gemeinsam angemietet und eingerichtet haben. Jeder hat einige Möbelstücke aus der früheren Singlewohnung mitgebracht. Zusammen haben sie nach dem Umzug eine Einbauküche, eine Schlafzimmereinrichtung und eine Couchgarnitur für ihr Wohnzimmer angeschafft. Beide Partner sind voll berufstätig. Nina ist selbstständige Inhaberin eines kleinen Cafés, Björn bei einer Firma als Controller angestellt. Ninas Einkommen ist schwankend, über das Jahr gerechnet aber in etwa so hoch wie Björns.

Bisher führten Nina und Björn stets getrennt Kasse. Jeder hat sein eigenes Konto, mit dem er für sich wirtschaftet. Als sie zusammenzogen, haben sie ein weiteres Konto eröffnet, auf das beide zugreifen können. Darauf überweist jeder 800 Euro pro Monat. Bei diesem Gemeinschaftskonto haben sie einen Dauerauftrag für die Miete eingerichtet. Außerdem bestreiten sie von dem Geld ihren gemeinsamen Lebensunterhalt, finanzieren besondere Anschaffungen für die Wohnung, Geschenke für Freunde und gemeinsame Urlaube.

Als Ninas Oma vor einem Jahr starb, erbte sie von ihr 30 000 Euro. Davon hat Nina 20 000 Euro fest angelegt, 10 000 Euro gewährte sie Björn als zinsloses Darlehen, damit er sich ein Auto kaufen konnte. Jeden Monat zahlt Björn Nina 500 Euro von dem Kredit zurück. Auch Nina hat ein eigenes Auto. Steuern, Versicherungen und laufenden Unterhalt bestreitet jeder selbst.

Ansonsten verfügen weder Nina noch Björn bisher über nennenswertes eigenes Vermögen. Ninas Eltern sind allerdings wohlhabend, und es steht fest, dass Nina als Einzelkind eines Tages eine größere Erbschaft machen wird. Ihre Eltern haben auch schon angekündigt, dass sie dem jungen Paar zur Heirat einen größeren Geldbetrag schenken wollen. Der soll als Startkapital dienen, falls das junge Paar sich zum Bau eines eigenen Hauses entschließt.

Nina ist als Selbstständige privat krankenversichert, Björn ist gesetzlich versichert. Bis auf eine private Haftpflichtversicherung

Jung und verliebt
Nach der Aufregung der Feier stellen sich einige praktische Fragen.

sowie eine Hausratversicherung haben sie bisher keine weiteren Versicherungen abgeschlossen.

Die folgenden Fragen sollten sich Nina und Björn stellen:

Frage 1: Sollten sie nur noch ein gemeinsames Konto unterhalten?

Das können Nina und Björn entscheiden, wie sie es für richtig halten. Es gibt keine gesetzliche Pflicht, dass Ehepartner ihr gesamtes Einkommen in eine Kasse wirtschaften müssen. Nina und Björn steht es also frei, ihre Finanzen nach der Heirat so weiterzuführen wie bisher. Davon losgelöst sollten sie aber wissen, dass – anders als bisher als Paar ohne Trauschein – nach der Heirat ein gegenseitiger Anspruch auf Unterhalt besteht. Falls Björn zum Beispiel seinen Job verlieren oder Nina als Selbstständige eine längere Zeit wegen Krankheit ausfallen sollte, müsste der jeweilige andere Partner mit für seinen Unterhalt aufkommen. Diese Unterhaltspflicht ist Ausdruck der ehelichen Solidarität (Einzelheiten zu Rechtsfolgen der Ehe siehe „Füreinander einstehen“, S. 53).

Bei Nina und Björn wäre es sogar sinnvoll, weiterhin getrennte Konten zu unterhalten. Denn Nina ist selbstständig, und daher ist es allein schon aus Gründen der Übersichtlichkeit von Vorteil, wenn sie ihre Einnahmen und Ausgaben über ein gesondertes Geschäftskonto abwickelt. Ratsam ist jedoch, dass Nina und Björn sich gegenseitig Kontovollmachten an ihren Einzelkonten einräumen, damit sie sich gegenseitig bei der Bank des Partners vertreten können (Einzelheiten siehe „Konto – meins, deins, unseres?“, S. 41).

Frage 2: Was ist mit Ninas Erbe? Gehört es nach der Heirat automatisch auch Björn?

Nein, was ein Ehepartner bei der Heirat als sein Vermögen mit in die Ehe bringt, ist und bleibt weiterhin allein sein Vermögen. Allenfalls der Wertzuwachs, den Ninas geerbtes Kapitalvermögen während der Ehe durch Zinserträge oder Ausschüttungen erfährt, müsste Nina im Scheidungsfall im Rahmen des Zugewinnausgleichs mit Björn teilen (Einzelheiten zu den Güterständen während der Ehe siehe S. 44).

Frage 3: Muss Björn das Darlehen von Nina noch zurückzahlen?

Ja, sofern Nina ihm die Rückzahlung nicht erlässt. Dazu ist sie aber wegen der Heirat keinesfalls verpflichtet. Den Darlehensvertrag haben Nina und Björn vor der Ehe abgeschlossen, und die Heirat ändert nichts an Björns Ratenverpflichtungen. Auch als Verheiratete könnten Nina und Björn noch Kreditverträge dieser Art abschließen.

Frage 4: Was müssen Nina und Björn steuerlich beachten?

Als Verheiratete haben sie ab dem Jahr der Heirat die Wahl: Sie können jeweils einzeln eine Steuererklärung abgeben oder zusammen eine gemeinsame. Wählen sie die Zusammenveranlagung, profitieren sie vom Splittingtarif für Ehegatten, sofern ihr Einkommen unterschiedlich hoch ausfällt. Zu beachten ist, dass sie bei Zusammenveranlagung als Gesamtschuldner für die Steuer, die bei beiden Partnern fällig wird, haften. Beispiel: Nina hat als Selbstständige im laufenden Jahr zu geringe Vorauszahlungen auf ihre Einkommensteuer geleistet. Am Jahresende ergibt sich daher eine kräftige Nachzahlung. Dafür haften beide Ehepartner als Gesamtschuldner. Björn könnte jedoch einen Antrag auf Aufteilung der Steuerschuld stellen und würde dann nur noch für die anteilig auf sein Einkommen entfallenden Steuern haften.

Sofern Nina und Björn als Verheiratete Verträge miteinander abschließen (Darlehens-, Arbeits-, Mietverträge), sollten sie darauf achten, dass die vereinbarten Konditionen wie unter fremden Dritten üblich sind. Andernfalls erkennt das Finanzamt die Verträge nicht an.

Frage 5: Welche Änderungen ergeben sich bei den Versicherungen?

Bei den Versicherungen ändert sich grundsätzlich nichts. Da Nina und Björn schon vor der Heirat zusammenlebten, profitieren sie bereits, seit sie eine gemeinsame Adresse besitzen, von Partnertarifen bei der Haftpflicht- und Hausratversicherung. Was die Krankenversicherung angeht, bleibt nach der Heirat ebenfalls alles wie vorher. Auch wenn sich Nachwuchs einstellen sollte und Nina wegen der Kinderbetreuung eine Zeitlang nur wenig verdienen würde, müsste sie weiter privat versichert bleiben. Denn als privat Versicherte hatte sie sich von der Versicherungspflicht befreien lassen. Aus diesem Grund könnte sie sich nicht über Björns gesetzliche Krankenversicherung mitversichern lassen. Mehr dazu siehe „Krankheit und Pflege“, S. 78.

Frage 6: Sollten sich Nina und Björn für den Todesfall gegenseitig absichern?

Das ist nicht zwingend notwendig, solange sie keine Kinder haben. Nina ist aufgrund der Einzahlungen von Björn in die gesetzliche Rentenversicherung für den Fall, dass er durch einen Unfall zu Tode kommt, zwar

Checkliste

Großzügige Geschenke von Eltern

Wenn Sie als Eltern dem Brautpaar sehr großzügige Geschenke machen, sollten Sie ein paar Punkte beachten.

- ☐ **Rückforderungsrecht.** Am besten lassen Sie bei einem Notar einen Schenkungsvertrag aufsetzen. Bei der Zuwendung eines Grundstücks ist dies ohnehin zwingend vorgeschrieben. Aber auch bei Geldzuwendungen ist dies ratsam. Der Vertrag sollte eine Klausel enthalten, mit der Sie sich ein Rückforderungsrecht für den Scheidungsfall Ihres Kindes vorbehalten. Vorteil: Sie können Ihr Geschenk zurückfordern, falls es zur Scheidung kommt. Damit ist der Gefahr vorgebeugt, dass es – aus welchen Gründen auch immer – zum Teil in das Vermögen eines Exschwiegerkindes übergeht. Ohne diese Klausel müssten Sie im Falle eines Rechtsstreits gegen Ihr Exschwiegerkind nachweisen, dass Sie das Geschenk im Vertrauen darauf gemacht haben, dass die Ehe Ihres Kindes Bestand hat.
- ☐ **Steuer.** Behalten Sie die Steuerfreibeträge im Auge (400 000 Euro für das eigene Kind, 20 000 Euro für das Schwiegerkind) und wenden Sie dem Schwiegerkind möglichst nicht mehr als den Freibetrag zu. Sonst kassiert das Finanzamt mit.
- ☐ **Anrechnung.** Falls Sie mehrere Kinder haben, könnten Sie in dem Schenkungsvertrag außerdem festlegen, dass sich das Kind, dem Sie ein größeres Geschenk anlässlich der Hochzeit machen wollen, den Wert auf sein späteres Erbe beziehungsweise seinen Pflichtteilsanspruch anrechnen lassen muss. **Tipp:** Lassen Sie sich beraten, bevor Sie den Vertrag beim Notar besiegeln lassen.

Gemeinsam überlegen
Brauchen wir einen Ehevertrag, und wie sieht es mit dem Erbrecht aus?

grundsätzlich abgesichert. Da Björn aber noch nicht sehr lange in die gesetzliche Versicherung eingezahlt hat, würden die Leistungen nur sehr gering ausfallen. Für Björn besteht hingegen überhaupt kein Schutz, falls Nina sterben würde, da Nina nicht gesetzlich rentenversichert ist. Das ist so lange eigentlich kein Problem, wie beide einen Job und noch keine Kinder haben.

Sobald sich jedoch Nachwuchs einstellt, sollten Nina und Björn unbedingt über einen umfassenden Hinterbliebenenschutz nachdenken. Als Absicherung für den Todesfall eines Partners ist es ratsam, zumindest eine Risikolebensversicherung abzuschließen. Für das Risiko, dass einer der Partner seinen Job nicht mehr ausüben kann, ist es darüber hinaus empfehlenswert, eine private Berufsunfähigkeitsversicherung abzuschließen. Der Grund: Die Erwerbsminderungsrente aus der gesetzlichen Rentenversicherung fällt bei jungen Leuten wie Björn nur sehr mager aus.

Frage 7: Was sollten Ninas Eltern bei ihrem Hochzeitsgeschenk beachten?

Um auf Nummer sicher zu gehen, sollten Ninas Eltern unbedingt einen notariellen Schenkungsvertrag abschließen und sich darin ein Rückforderungsrecht für den Fall der Scheidung oder den Tod ihrer Tochter vorbehalten. Vor der Schenkung sollten sie sich nicht nur rechtlich, sondern auch steuerlich beraten lassen. Denn bei jedem Geschenk ist grundsätzlich der Fiskus mit von der Partie. Für Nina als ihr leibliches Kind ist ein Geschenk bis zu einem Wert von 400 000 Euro steuerfrei.

Dagegen beträgt der Freibetrag für ihren Schwiegersohn Björn lediglich 20 000 Euro. Bei jedem Euro darüber fällt Schenkungsteuer an. Daher ist es aus steuerlichen Gründen ratsam, bei größeren Geschenken in jedem Fall dem eigenen Kind den Großteil zuzuwenden und dem Schwiegerkind nicht mehr als den Freibetrag.

Frage 8: Sollten Nina und Björn einen Ehevertrag abschließen?

Das ist ihre persönliche Entscheidung. Eine Empfehlung lässt sich in diesem Fall nicht aussprechen, denn beide sind jung und kinderlos, jeder hat sein eigenes Einkommen. In diesen Fällen besteht kein zwingender Grund, schon vor der Heirat die Folgen einer möglichen Trennung in einem Ehevertrag festzuzurren. Allenfalls im Hinblick auf das Vermögen, das Nina eines Tages von ihren Eltern erbt, wäre zu überlegen, ob sie in einem Ehevertrag beispielsweise eine „modifizierte Zugewinngemeinschaft" vereinbaren. Folge: Björn würde anders als bei der Zugewinngemeinschaft, die ohne einen Ehevertrag automatisch gilt, nicht an den Wertsteigerungen von Ninas Vermögen partizipieren, falls es zur Scheidung käme. Anders als bei einer strikten Gütertrennung würde er aber im Erbfall von den vorteilhaften Regelungen der Zugewinngemeinschaft in puncto Erbschaftsteuer profitieren (mehr dazu siehe „Die modifizierte Zugewinngemeinschaft", S. 147). Ein entsprechender Ehevertrag lässt sich aber auch noch abschließen, wenn Nina das Erbe antritt. Dies funktioniert – vor wie nach der Heirat – aber nur, wenn Björn den Vertrag mit unterschreibt.

Frage 9: Was ändert sich beim Erbrecht?

Wenn Nina und Björn kein Testament machen, greift die gesetzliche Erbfolge. Danach erbt der Ehepartner stets automatisch mit. Wenn die beiden keinen Ehevertrag abschließen und darin vom gesetzlichen Güterstand der Zugewinngemeinschaft abweichen, würde Björn im Falle von Ninas Tod nach der gesetzlichen Erbfolge drei Viertel ihres Vermögens erben, ein Viertel ihre Eltern. Falls Nina schon ein Kind aus einer früheren Beziehung hätte, würden im Falle ihres Todes Björn und ihr Kind je die Hälfte ihres Vermögens erben (Details zum Erbrecht siehe „Erben selbst bestimmen", S. 118).

Frage 10: Welche Möglichkeiten haben sie bei der Namenswahl?

Die beiden können entscheiden, dass jeder seinen bisherigen Namen beibehält. Nach der Heirat heißen sie also Ehepaar Nina Schüller und Björn Sommer. Möglich ist auch, dass sie sich auf einen gemeinsamen Ehe- beziehungsweise Familiennamen, also Schüller oder Sommer, verständigen. Das ist dann auch der Name, den die gemeinsamen Kinder automatisch erhalten. Alle Familienmitglieder haben den gleichen Namen. Entsprechend der Wahl hat der Partner, dessen Name nicht Ehename wird, aber auch die Möglichkeit, seinen bisherigen Nachnamen voranzustellen oder anzuhängen. Verständigen sich Nina und Björn also auf den Familiennamen Sommer, hat Nina die Wahl, den Doppelnamen Schüller-Sommer oder Sommer-Schüller anzunehmen. Björn würde seinen bisherigen Namen Sommer behalten (Einzelheiten siehe „Die Qual der Wahl: Der Name nach der Heirat", S. 24).

Patchworkfamilie

Heiraten Partner, die Kinder aus früheren Beziehungen haben, sollten sie rechtlich vorsorgen. Um sich und die Kinder optimal abzusichern, sind Ehevertrag und Testament ein Muss.

Beispiel 2: Beide Partner sind berufstätig, jeder hat Kinder aus früheren Beziehungen, die Familie wohnt im eigenen Haus.

Petra Hoesch und Wolfgang Peil (38 und 42 Jahre alt) wohnen seit vier Jahren mit ihrer Patchworkfamilie unter einem Dach. Petra hat aus ihrer früheren Ehe mit Thomas zwei Kinder, Sven (13) und Verena (10). Wolfgang war noch nicht verheiratet. Aus einer früheren Beziehung mit Birgit hat er einen Sohn namens Tobias (12). Während Petras Kinder bei ihr leben und nur die Wochenenden und Urlaube mit ihrem Vater verbringen, lebt Tobias überwiegend bei seiner Mutter, die am selben Ort wohnt. Da die Kinder sehr gut miteinander klarkommen, übernachtet er gern auch mal unter der Woche bei seinem Vater. Morgens fährt er dann von dort aus mit dem Bus zur Schule.

Wolfgang ist als Rechtsanwalt selbstständig, Petra ist angestellte Steuerfachgehilfin. Als Petra und er sich vor fünf Jahren entschlossen zusammenzuziehen, kaufte Wolfgang ein Haus und baute es aufwendig um. Auf dem Haus lastet ein Hypothekenkredit in Höhe von 150 000 Euro. Die Raten für den Kredit zahlt Wolfgang allein ab.

Obwohl Petra sich nach ihrer Scheidung eigentlich entschlossen hatte, nie wieder zu heiraten, hat sie ihre Meinung nun geändert. Um aber auf keinen Fall erneut Gefahr zu laufen, jahrelang mit ihrem Ex über Scheidungsfolgen zu streiten, wie sie es bei ihrer Trennung von Thomas erlebt hat, will sie nun auf Nummer sicher gehen. Sie möchte in einem umfassenden Ehevertrag alle Folgen für den Scheidungsfall regeln. Wolfgang ist damit einverstanden. Sein wichtigstes Anliegen ist, Petra und die drei Kinder für den Fall abzusichern, dass ihm etwas zustößt. Er will sicherstellen, dass Petra in dem Haus wohnen bleiben kann, bis die Kinder die Schule beendet haben. Seine Eltern, die neben Wolfgang noch eine Tochter namens Sabine haben, waren zunächst wenig begeistert, dass Wolfgang eine Frau mit zwei Kindern heiraten möchte. Sie mögen Petra und ihre Kinder zwar gern, haben aber den Wunsch, dass ihr Enkel Tobias eines Tages ihr Vermögen erbt, falls Wolfgang, den sie neben Sabine als Erben eingesetzt haben, etwas zustoßen sollte.

Bunte Mischung
Sind die Kinder gut abgesichert? Das ist bei Patchworkfamilien eine der wichtigsten Fragen.

Wolfgang ist privat krankenversichert und zahlt zur Altersvorsorge Beiträge in das berufsständische Versorgungswerk. Außerdem leistet er Beiträge zu einer Kapitallebensversicherung, die er vor 15 Jahren abgeschlossen hat. Petra arbeitet Teilzeit und ist in der gesetzlichen Krankenkasse pflichtversichert. Für das Haus unterhält Wolfgang eine Gebäude- und Hausratversicherung. Außerdem besteht eine Haftpflichtversicherung für die Patchworkfamilie.

Die folgenden Fragen sollten sich Petra und Wolfgang vor der Heirat stellen:

Frage 1: Was ändert sich beim Sorgerecht?

Im Prinzip nichts. Das Sorgerecht für die Kinder behalten grundsätzlich weiter die jeweiligen Eltern. Wenn Petra und Wolfgang heiraten, bleibt es also dabei, dass Petra und ihr Exmann Thomas sich das Sorgerecht für Sven und Verena teilen, Wolfgang und seine Expartnerin Birgit das Sorgerecht für Tobias. Es besteht jedoch die Möglichkeit, abweichende Regelungen über das Sorgerecht zu treffen. Denkbar wäre zum Beispiel, dass Petras Exmann das Sorgerecht für die Kinder allein auf Petra überträgt. Allerdings sind solche Überlegungen aus der Sicht der Kinder nur ratsam, wenn das Verhältnis zum Vater zerrüttet wäre und er überhaupt kein Interesse mehr an seinen Kindern hätte. Andernfalls ist es meist das Beste für die Kinder, Kontakt zu beiden Elternteilen zu halten. Dasselbe gilt auch für Wolfgangs und Birgits Sohn Tobias.

Frage 2: Wer ist gegenüber den Kindern zum Unterhalt verpflichtet?

Nur die leiblichen Eltern sind den Kindern gegenüber unterhaltspflichtig. Daran ändert die Heirat nichts. Für Petras Kinder Sven und Verena muss weiter deren Vater Thomas Unterhalt zahlen und nicht ihr Ehemann Wolfgang. Petra muss auch nicht mit für den Unterhalt von Wolfgangs Sohn Tobias aufkommen, wenn er bei ihnen wohnt.

Etwas anderes gilt nur, wenn der Ehegatte das Kind seines Partners adoptiert. Dann greifen dieselben Unterhaltspflichten wie bei leiblichen Kindern.

Frage 3: Wie lässt sich sicherstellen, dass Petra wichtige Entscheidungen zu Tobias treffen kann?
Wenn Tobias gerade bei seinem Vater Wolfgang ist, dort krank wird und nicht zur Schule gehen kann, ist es für Petra nicht möglich, einfach eine Entschuldigung zu- schreiben, falls sein Vater auf Geschäftsreise ist. Sie müsste dann versuchen, Tobias' Mutter Birgit zu erreichen, und sie um die erforderliche Unterschrift bitten. Das ist umständlich und unpraktisch. Für diesen und ähnliche Fälle könnten Tobias' Eltern, Wolfgang und Birgit, Petra bevollmächtigen, dass sie Entscheidungen (Entschuldigungen für die Schule, Arztbesuche etc.) ausnahmsweise an ihrer Stelle treffen kann, falls sie nicht erreichbar sind.

Frage 4: Welche Möglichkeiten gibt es bei der Namenswahl?
Petra und Wolfgang haben viele Optionen: 1) Jeder behält seinen bisherigen Namen. 2) Sie verständigen sich auf einen gemeinsamen Namen. 3) Petra stellt Wolfgangs Namen voran oder hängt ihn an, also Petra Hoesch-Peil oder Petra Peil-Hoesch, wobei Wolfgang seinen Namen beibehält. 4) Petra behält ihren Namen, Wolfgang stellt ihren Namen voran oder hängt ihn an. Der Nachname der Kinder ändert sich durch die Heirat nicht. Daher spricht viel dafür, dass Petra ihren bisherigen Namen nicht komplett aufgibt, damit sie mit ihren Kindern eine gewisse Namensidentität behält.

Frage 5: Muss Petra für Wolfgangs Kredit haften?
Nein, durch die Heirat wird Petra nicht automatisch zum Haftungsschuldner für Kredite, die Wolfgang vorher allein aufgenommen hat. Gleiches würde übrigens gelten, wenn Wolfgang sich erst nach der Heirat entschieden hätte, das Haus zu kaufen. Auch in diesem Fall wäre Petra nicht automatisch verpflichtet, die Schulden mit abzutragen. Es sei denn, sie hätte den Kreditvertrag mit unterschrieben. Auch nach der Heirat bleibt es grundsätzlich dabei: Deine Schulden sind deine Schulden, meine Schulden sind meine Schulden. Ausgenommen sind nur Geschäfte des täglichen Lebens (siehe „Folgen bei den Finanzen", S. 39). Dazu zählt aber nicht die Kreditaufnahme zur Finanzierung eines Hauses.

Frage 6: Ist es ratsam, dass Wolfgang Petra die Hälfte des Hauses überträgt?
Das wäre sicherlich eine Überlegung wert, zumal das Familienheim oder Anteile daran zwischen Ehegatten steuerfrei übertragen werden können. Wolfgang sollte jedoch am besten auf Nummer sicher gehen und sich im Schenkungsvertrag ein Rückforderungsrecht für den Fall der Scheidung vorbehalten. Die Übertragung des hälftigen Eigentumsanteils ändert im Übrigen nichts daran, dass Wolfgang weiterhin allein zur Tilgung des Kredits nebst Zinsen verpflichtet ist. Wenn die Bank als Gläubigerin im

Grundbuch steht, wird diese allerdings einer Übertragung auf Petra zustimmen müssen und vermutlich wenig begeistert sein.

Frage 7: Welche Besonderheiten müssen Petra und Wolfgang beim Erbrecht beachten?

Patchworkfamilien sollten sorgfältig prüfen, ob das gesetzliche Erbrecht in ihrem Sinne ist. Falls Wolfgang oder Petra ohne Testament sterben und im gesetzlichen Güterstand der Zugewinngemeinschaft leben, würde der jeweils überlebende Partner die Hälfte des Vermögens erben, die andere Hälfte die leiblichen Kinder. Im Fall von Wolfgangs Tod ginge demnach die Hälfte seines Vermögens an Petra, die andere Hälfte an seinen Sohn Tobias. Falls Petra sterben sollte, würde Wolfgang die eine Hälfte ihres Vermögens erben, die andere Hälfte Sven und Verena zu gleichen Teilen, also je ein Viertel. Die Kinder des Partners aus einer früheren Beziehung gehen also nach der gesetzlichen Erbfolge immer leer aus. Falls Wolfgang und Petra auch sie mit bedenken wollen, müssten sie dies ausdrücklich in einem Testament oder Erbvertrag so regeln.

Streitanfällig ist es, wenn wie hier bei Wolfgang und Petra der Ehepartner und die Kinder aus einer früheren Beziehung eine Erbengemeinschaft bilden, vor allem, wenn die Kinder noch minderjährig sind. Falls Wolfgang kurz nach der Heirat sterben würde, würde Tobias als noch minderjähriger Erbe bis zu seiner Volljährigkeit von seiner

HÄTTEN SIE'S GEWUSST?

62 Prozent der Männer bestehen bei der Hochzeit auf ihren **Nachnamen**. Bei den Frauen hält nur rund jede fünfte an ihrem Familiennamen fest.

Hauptgründe für Frauen, den Namen des Mannes anzunehmen, sind: einheitliche Namensgebung der Kinder, Vereinfachung von Amtsangelegenheiten und der Wunsch nach emotionaler Verbundenheit mit dem Partner.

Stadtmenschen fällt es schwerer, sich vom Familiennamen zu trennen. 45 Prozent der Großstädter bestehen auf ihren eigenen Nachnamen. Auf dem Land und in Kleinstädten sind es nur 35 Prozent.

Quelle: GfK-Studie im Auftrag von Greven Medien, 2014

Mutter Birgit vertreten werden. Dies gilt auch bezüglich seines Anteils an der Erbengemeinschaft mit Petra. Petra und Birgit müssten also alle Fragen, die das Haus und Wolfgangs Nachlass betreffen, gemeinsam klären. Um das zu verhindern, kann Wolfgang in einem Testament oder Erbvertrag festlegen, dass zum Beispiel Petra als seine Ehefrau das Erbe für Sohn Tobias bis zu dessen Volljährigkeit verwaltet. Tobias' Mutter Birgit hätte dann kein Mitspracherecht.

→ Nachlass regeln

Patchworkfamilien ist es dringend zu empfehlen, durch Testament oder Erbvertrag Vorsorge für den Todesfall zu treffen. Andernfalls ist Streit vorprogrammiert.

Frage 8: Kann Wolfgang sicherstellen, dass Petra in dem Haus wohnen bleiben könnte, falls ihm etwas zustößt?

Er könnte ihr bereits zu Lebzeiten ein lebenslanges Wohn- oder Nießbrauchrecht an dem Haus einräumen und sich dabei ein Rückforderungsrecht für den Scheidungsfall vorbehalten. Ein solcher Schenkungsvertrag muss notariell beurkundet werden. Da das Haus noch nicht schuldenfrei ist, müsste Wolfgang Gespräche mit den Grundschuldgläubigern führen. Es ist nicht zu erwarten, dass sie ohne Weiteres mit der Belastung der Immobilie durch ein Nießbrauchrecht einverstanden sind. Denn Nutzungsrechte wie Wohn- oder Nießbrauchrecht führen in jedem Fall zu einer Werteinbuße der Immobilie. Natürlich hat Wolfgang auch die Möglichkeit, Petra als Alleinerbin einzusetzen, sodass ihr das Haus im Falle seines Todes automatisch gehört. Außerdem hat er die Wahl, ihr von Todes wegen ein lebenslanges Wohn- oder Nießbrauchrecht an dem Haus einzuräumen. Bei allen diesen Varianten hätte Petra das Recht, das Haus nach Wolfgangs Tod weiter für sich zu nutzen.

Frage 9: Welche Punkte können sie in einem Ehevertrag regeln?

In einem notariellen Ehevertrag können Wolfgang und Petra im Prinzip alles regeln, was sie sich für den Trennungsfall an gegenseitigen Leistungen zubilligen wollen, an Unterhalt im Scheidungsfall, bei der Aufteilung der Rentenanwartschaften und beim Vermögensausgleich. Sie haben die Wahl, in einem Ehevertrag einen vom gesetzlichen Güterstand der Zugewinngemeinschaft abweichenden Güterstand zu wählen, zum Beispiel die modifizierte Zugewinngemeinschaft. Dadurch könnte Wolfgang sicherstellen, dass Petra an Wertsteigerungen, die sein Haus während der Ehe erfährt, nicht teilhat. Zulässig sind auch Vereinbarungen zum Versorgungsausgleich. Wolfgang und Petra könnten per Ehevertrag beispielsweise auf den Ausgleich verzichten, sodass Wolfgang die Anwartschaften aus seinem Versorgungswerk für sich allein erhält. Möglich

Eltern bleiben Eltern
Beim Sorgerecht ändert sich durch die Heirat nichts. Es bleibt weiterhin bei den leiblichen Eltern.

wäre es auch, dass er und Petra sich darauf verständigen, dass Petra im Trennungsfall das Haus bekommt und sich dort weiter um die Kinder kümmert, während Wolfgang auszieht. Auch die Modalitäten für den nachehelichen Unterhalt lassen sich in einem Ehevertrag festzurren. Eine Vereinbarung über den Trennungsunterhalt ist hingegen im Regelfall nicht zulässig. Dasselbe gilt beim Unterhalt für die Kinder.

Um ausgewogene Regelungen zu treffen, die im Zweifel auch vor Gericht Bestand haben, sollten sich beide Partner ausführlich beraten lassen, bevor sie einen Ehevertrag beim Notar besiegeln lassen. Ratsam ist, einen Anwalt aufzusuchen, der im Familienrecht versiert ist. Das Geld ist in jedem Fall gut angelegt, denn ist der Ehevertrag einmal abgeschlossen, lässt er sich ohne die Mitwirkung des Partners nicht wieder aus der Welt schaffen. Einzelheiten zum Ehevertrag siehe „Heirat in einer Patchworkfamilie", S. 160.

Frage 10: Wie können Wolfgangs Eltern sicherstellen, dass ihr Vermögen bei ihrem Enkel Tobias landet?

In ihrem Testament oder in einem Erbvertrag könnten sie regeln, dass ihr Vermögen ausschließlich an ihren Enkel Tobias geht und nicht teilweise an Petra oder deren Kinder. Eine Variante wäre, dass sie Wolfgang in ihrem Testament lediglich als Vorerben einsetzen, Tobias als Nacherben. Im Fall von Wolfgangs Tod würde Tobias dann automatisch an die Stelle seines Vaters treten und als Nacherbe das Vermögen seiner Großeltern erhalten. Natürlich besteht auch die Möglichkeit, dass sie ihren Sohn Wolfgang übergehen und Tobias als ihren Erben einsetzen. Zu beachten ist, dass Wolfgang dann jedoch ein Pflichtteil zusteht.

Frage 11: Was ändert sich steuerlich?

Wolfgang und Petra profitieren in jedem Fall vom günstigen Splittingtarif, wenn sie in der Steuererklärung Zusammenveranlagung wählen, statt einzeln ihre Erklärungen abzugeben. Denn Wolfgang verdient als Anwalt weit mehr als Petra, was zu einem Vorteil bei der Besteuerung führt. Was das Kindergeld beziehungsweise die Kinderfreibeträge für die drei Kinder angeht, gilt folgender Grundsatz: Das Kindergeld bekommt derjenige Elternteil ausgezahlt, bei dem das Kind sich überwiegend aufhält. Hält sich das die Waage, müssen die Eltern sich über die Auszahlung verständigen.

Dieselben Grundsätze gelten bei den Kinderfreibeträgen. Sie kommen zum Tragen, wenn der Steuervorteil durch sie höher ist als das Kindergeld.

Frage 12: Sind Frau und Kinder abgesichert, falls Wolfgang etwas zustößt?

Petra und Wolfgangs Sohn Tobias sind über den Hinterbliebenenschutz im Versorgungswerk der Rechtsanwälte abgesichert. Sie bekommen im Falle von Wolfgangs Tod eine kleine Rente. Nicht über Wolfgang abgesichert sind hingegen Petras Kinder Sven und Verena aus ihrer Ehe mit Thomas. Sie sind über den Hinterbliebenenschutz ihres leiblichen Vaters abgesichert. Falls Wolfgang und Petra mehr Schutz für ihre Patchworkfamilie wünschen, könnten sie zum Beispiel durch den Abschluss einer Risikolebensversicherung vorsorgen, in der sie die drei Kinder als Bezugsberechtigte einsetzen. Wenn Wolfgang Petra als Bezugsberechtigte seiner schon bestehenden Lebensversicherung einsetzt, erhält sie im Fall von Wolfgangs Tod die Auszahlung aus der Police. Am besten schließt Wolfgang darüber hinaus eine Restschuldversicherung ab. Die Restschuldversicherung ist eine Sonderform der Risikolebensversicherung, die wichtig ist, wenn Hauskredite zurückzuzahlen sind. Die Versicherung übernimmt die Abzahlung des Kredits, falls der Versicherungsnehmer stirbt. Die Versicherungssumme bleibt nicht konstant, sondern sinkt mit der Restschuld für das Haus.

Frage 13: Was ändert sich bei den Versicherungen?

Bei Hausrat- und privater Haftpflichtversicherung bleibt alles beim Alten, da die Patchworkfamilie bereits vorher zusammenlebte. Wenn nach der Heirat eine Police gekündigt werden soll, ist es ratsam, zuvor Kontakt mit dem Versicherer aufzunehmen und abzuklären, ob tatsächlich alle Mitglieder der Patchworkfamilie in der verbleibenden mitversichert sind. Auch bei den Krankenversicherungen ändert sind nichts. Wolfgang und Tobias bleiben weiter privat versichert, Petra und ihre Kinder gesetzlich.

Gleichgeschlechtliches Paar

Schwulen- und Lesbenpaare, die ihre Lebensgemeinschaft mit der Eintragung besiegeln, sind Ehepaaren rechtlich inzwischen in allen Bereichen gleichgestellt.

Beispiel 3: Schwules Paar, mittleres Alter, beide sind berufstätig, ein Partner hat ein Kind aus einer früheren Ehe.

Dieter Schmidt und Scott Walton (45 und 40 Jahre) sind seit mehr als zehn Jahren ein Paar. Scott ist Amerikaner. Vor gut 20 Jahren ist er zum Studium nach Deutschland gekommen und hier geblieben. Dieter und Scott leben in einer Vier-Zimmer-Wohnung in Berlin-Wilmersdorf, die Scott gehört. Das Geld für die Wohnung hatte ihm sein Vater im Wege der vorweggenommenen Erbfolge geschenkt. Lange Jahre hatte zwischen Scott und seinem Vater kaum Kontakt bestanden, weil Scotts Vater nicht damit klarkam, dass sein einziger Sohn schwul ist. Erst als er Scott anlässlich einer Europareise in Berlin besuchte und seinen Partner Dieter kennenlernte, den er auf Anhieb sehr mochte, kam es zur Versöhnung zwischen Vater und Sohn. Daraufhin änderte Scotts Vater sein Testament und setzte seinen Sohn als Alleinerben für sein Vermögen ein. Wenn er stirbt, erbt Scott zwei Wohnungen in San Francisco und ein Aktiendepot im Wert von aktuell rund einer Million Euro.

Im Haushalt des Schwulenpaars lebt außerdem Marius (15), Dieters Sohn aus seiner früheren Ehe mit Nadine. Nachdem Dieter sein Coming-out hatte, trennten sich die beiden und ließen sich scheiden. Marius lebte fortan bei seinem Vater. Mit Dieter und Scott versteht er sich sehr gut, der Drei-Männer-Haushalt funktioniert prima.

Dieter ist als Arzt in einem Berliner Krankenhaus angestellt. Scott ist Möbeldesigner und arbeitet freiberuflich. Beide sind privat krankenversichert, ebenso Marius.

Bisher haben Dieter und Scott stets getrennte Konten unterhalten. Die Kosten für den Lebensunterhalt bestreiten sie nach Absprache gemeinsam, wobei Dieter wegen Marius zwei Drittel der Kosten trägt. Für die Wohnung überweist Dieter jeden Monat 500 Euro an Scott.

Dieters Mutter ist bereits verstorben, sein Vater ist demenzkrank und lebt schon seit mehreren Jahren in einem Pflegeheim. Da das Vermögen seines Vaters bereits verbraucht ist, zahlt Dieter jeden Monat 200 Euro zur Deckung der Pflegekosten seines Vaters.

Die folgenden Fragen sollten Dieter und Scott für sich klären:

HÄTTEN SIE'S GEWUSST?

2001: Das Gesetz zu eingetragenen Lebenspartnerschaften tritt in Kraft.

2005: Für eingetragene Lebenspartner gilt weitgehend das Eherecht: Übernahme des ehelichen Güterrechts, der Hinterbliebenenversorgung und des Versorgungsausgleichs, Angleichung des Unterhaltsrechts, Stiefkindadoption wird zugelassen.

2010: Gleichstellung bei der Erbschaft- und Schenkungsteuer.

2013: Das Bundesverfassungsgericht fordert, dass bei der Einkommensteuer das Ehegattensplitting gewährt wird.

Frage 1: Was ändert sich durch die Heirat rechtlich?

Rechtlich werden sie als eingetragene Lebenspartner heute in allen wesentlichen Bereichen wie Ehegatten behandelt. Dies hat das Bundesverfassungsgericht in den letzten zehn Jahren in vielen Teilbereichen klargestellt. Eingetragene Lebenspartner sind wie Ehegatten zu gegenseitiger Fürsorge und zum Unterhalt verpflichtet. Sie können in der gesetzlichen Krankenversicherung von der Familienversicherung profitieren, sind über die gesetzliche Rentenversicherung und die berufsständischen Versorgungswerke als Hinterbliebene abgesichert. Auch steuerlich werden sie inzwischen gleich behandelt, erhalten also den günstigen Splittingtarif sowie die hohen Freibeträge bei der Erbschaft- und Schenkungsteuer.

Lebenspartner heiraten heute genau wie Ehegatten vor einem Standesamt, das sie selbst aussuchen können. In Bayern haben sie darüber hinaus die Möglichkeit, einen Notar zwecks Eintragung der Partnerschaft aufzusuchen.

Frage 2: Gehört Dieter automatisch die Hälfte von Scotts Wohnung?

Nein, die Wohnung gehört weiter allein Scott. Was ein Partner als sein Eigentum mit in die Partnerschaft einbringt, bleibt genau wie bei Ehepartnern sein alleiniges Eigentum. Daran ändert sich nichts durch die Eintragung.

Frage 3: Sollten Dieter und Scott in eine Kasse wirtschaften?

Das ist ihre eigene Entscheidung. Es gibt keine Vorschrift dazu, wie Lebenspartner ihre Finanzen gestalten müssen, wenn sie sich eintragen lassen. Dieter und Scott können also weiter wie gehabt getrennte Konten führen. Sinnvoll ist allerdings, dass sie sich gegenseitig eine Kontovollmacht einräumen, damit ein Partner für den anderen Geld abheben kann, falls der ihn darum bittet oder dazu selbst nicht in der Lage sein sollte.

Frage 4: Kann Scott für Dieter entscheiden, beispielsweise nach einem Unfall?

Genau wie Ehepartner können eingetragene Lebenspartner nicht automatisch für den anderen sprechen, wenn dieser aus gesundheitlichen Gründen nicht mehr in der Lage ist, Entscheidungen zu treffen. Er kann weder in Gesundheitsfragen für ihn handeln, also beispielsweise nicht in eine Operation einwilligen, noch kann er Dieters Vermögen verwalten oder andere wichtige Entscheidungen für ihn treffen. Das Gleiche gilt natürlich umgekehrt, wenn Scott etwas zustoßen sollte. Daher sollten sich die beiden gegenseitig durch eine Vorsorgevollmacht für den Fall der eigenen Handlungsunfähigkeit bevollmächtigen. Empfehlenswert ist es, zusätzlich jeweils eine weitere Person zu benennen. Mehr dazu siehe „Eine Vorsorgevollmacht verfassen“, S. 116.

Frage 5: Muss Nadine weiter Unterhalt für Marius zahlen?

Ja, wenn ihr Exmann seinen wohlhabenden Lebenspartner heiratet, hat das keinen Einfluss auf Nadines Unterhaltspflicht. Auch am gemeinsamen Sorgerecht von Nadine und Dieter ändert sich nichts. Der Ehegatte eines Partners mit Kind bleibt bei allen Fragen, die das Kind angehen, komplett außen vor, auch wenn das Kind im gemeinsamen Haushalt der Partner lebt. Für alle das Kind angehenden Rechte und Pflichten bleiben weiter nur die leiblichen Eltern zuständig.

Frage 6: Kann Scott Marius adoptieren?

Die Eintragung der Lebenspartnerschaft ist in diesem Zusammenhang ohne Bedeutung. Nur unter der Voraussetzung, dass Nadine ihr Sorgerecht abgeben würde und Dieter damit einverstanden wäre, könnte Scott das Sorgerecht gemeinsam mit Dieter ausüben. Auch eine Adoption setzt voraus, dass die Sorgerechtsinhaber, also Nadine und Dieter, mit der Adoption einverstanden sind. Aus steuerlichen Gründen wäre eine Adoption von Vorteil, falls Scott Marius als Erben einsetzen möchte. Das Jugendamt und das Gericht würden in jedem Fall eingeschaltet, um sicherzustellen, dass die Sorgerechtsübertragung beziehungsweise die Adoption zum Wohl des Kindes ist. Auch Marius würde in diesem Zusammenhang auf jeden Fall mit angehört und gefragt, wie er zu der Adoption steht.

Frage 7: Welches Erbrecht gilt, wenn Scotts Vater in den USA stirbt?

Die beiden Wohnungen in den USA und das Aktiendepot werden nach US-amerikanischem Recht vererbt. Das amerikanische Erbrecht weist allerdings in diesen Punkten keinen Unterschied zum deutschen Recht auf. Scott erbt das Vermögen, weil sein Vater ihn per Testament als seinen Erben eingesetzt hat. Was die Erbschaftsteuer angeht, dürfte das deutsche Finanzamt zumindest an dem Kapitalvermögen – neben dem amerikanischen Fiskus – Ansprüche für sich reklamieren. Denn Scott hat seinen ständigen Wohnsitz in Deutschland, was für die Anwendung des deutschen Erbschaftsteuerrechts grundsätzlich ausreicht. Bei Immobilien besteht nach dem Doppelbesteuerungsabkommen aber anders als bei Kapitalvermögen ein Vorrang des Landes, in dem diese liegen. Folglich haben die USA an den beiden Wohnungen in San Francisco das alleinige Besteuerungsrecht. Sollte es beim Kapitalvermögen zu einer Doppelbesteuerung kommen, kann sich Scott die in den USA entrichtete Erbschaftsteuer auf die deutsche anrechnen lassen.

Frage 8: Was ändert sich bei der Krankenversicherung?

Nichts, bei der privaten Krankenversicherung, in der alle drei Mitglieder des Haushalts versichert sind, bleibt nach der Heirat alles beim Alten.

Frage 9: Wer erbt, falls Dieter oder Scott etwas zustoßen sollte?

Falls Dieter und Scott ohne Partnerschaftsvertrag (entspricht einem Ehevertrag bei heterosexuellen Paaren) und Testament sterben sollten, greift die gesetzliche Erbfolge: Stirbt Dieter, erbt sein Sohn Marius die Hälfte seines Vermögens, die andere Hälfte Scott. Falls Scott stirbt, gehen drei Viertel seines Vermögens an Dieter, das restliche Viertel an seine Eltern beziehungsweise seine Geschwister. Falls Scott als Amerikaner in den USA stirbt, käme vorrangig amerikanisches Erbrecht zur Anwendung. Scott und Dieter ist wegen dieser Unberechenbarkeiten dringend anzuraten, sich über ihre Nachlassplanung sowie die Steuer im Erbfall rechtlich beraten zu lassen und eigene Regelungen zu treffen.

Frage 10: Muss Scott für die Pflegekosten von Dieters Vater aufkommen?

Allenfalls mittelbar über Dieter. Zur Deckung der Pflegekosten von Dieters Vater werden lediglich seine Kinder, also Dieter und dessen Geschwister, herangezogen. Sollte Dieter selbst jedoch kein Einkommen erzielen, hätte er gegenüber Scott einen Anspruch auf Unterhalt sowie ein Taschengeld. Einen Teil dieses Taschengeldes könnte der Sozialhilfeträger von Dieter für die Pflege seines Vaters einfordern. Auf diesem Weg würde dann mittelbar Scott für die Pflege seines Schwiegervaters mit aufkommen.

Spätes Glück: Vor- und Nachteile abwägen

Immer häufiger entschließen sich Paare im Rentenalter, erneut zu heiraten. Das kann finanzielle Nachteile mit sich bringen, die sie kennen und mit einkalkulieren sollten.

Beispiel 4: Paar im Rentenalter, verwitwet und geschieden, erwachsene Kinder und Enkelkinder.

Manfred und Brigitte (64 und 58 Jahre) sind seit über fünf Jahren ein Paar. Jeder hat eine eigene Wohnung. Manfred wohnt in dem Einfamilienhaus, das er vor 38 Jahren mit seiner Exfrau Johanna (63) gebaut hat. Dort lebte die Familie, bis die zwei gemeinsamen Kinder, Michael (38) und Katharina (36), ausgezogen waren. Seit die Kinder aus dem Haus waren, kriselte ihre Ehe. Irgendwann zog Johanna aus, einige Jahre später reichte sie die Scheidung ein. Im Rahmen des Gerichtsverfahrens verständigten sich Johanna und Manfred darauf, dass ihm das Einfamilienhaus als Alleineigentümer zugeteilt wurde. Im Gegenzug erhielt Johanna die Auszahlung aus einer gemeinsamen Kapitallebensversicherung. Johanna lebt seither allein in einer Mietwohnung. Ihren Lebensunterhalt bestreitet sie von dem Unterhalt, den Manfred ihr seit der Scheidung jeden Monat überweisen muss. Manfred ist Prokurist in einer mittelständischen Firma.

Manfreds zukünftige Ehefrau Brigitte ist verwitwet. Ihr Ehemann Raimund, mit dem sie eine Tochter, Carola (34), hat, starb vor zehn Jahren unerwartet an den Folgen eines Herzinfarkts. Um in der Nähe ihrer Mutter zu sein, zog Tochter Carola mit Ehemann Martin (35) und Sohn Jonas (12) zurück in ihr Elternhaus, das Brigitte seit Raimunds Tod allein gehört. Zusammen mit ihrer Tochter und dem Schwiegersohn baute sie das Haus um und zog in eine eigens für sie gestaltete Einliegerwohnung.

Ihre Tochter lebt seither mit Familie im größeren Teil des Hauses. Vor sieben Jahren überschrieb Brigitte ihrer Tochter das Haus im Wege der vorweggenommenen Erbfolge. Für die Einliegerwohnung behielt sie sich ein lebenslanges Wohnrecht vor. Ihren Lebensunterhalt bestreitet sie von einer Witwenrente, die sie seit Raimunds Tod von der gesetzlichen Rentenversicherung erhält. Da Raimund immer gut verdient hatte, reicht die Rente für den Lebensunterhalt aus. Nach der Heirat möchte sie in Manfreds Haus ziehen und die Einliegerwohnung vermieten.

Neue Liebe
Falls Sie im Rentenalter zum zweiten Mal heiraten, ist es besonders wichtig, die finanzielle Basis zu sichern.

Die folgenden Fragen sollten sich Manfred und Brigitte stellen:

Frage 1: Muss Manfred seiner Exfrau weiter Unterhalt zahlen?

Ja, denn Manfreds Wiederheirat hat grundsätzlich keinen Einfluss auf seine Unterhaltspflichten gegenüber seiner Exfrau Johanna. Die Höhe des Unterhalts nach der Scheidung orientiert sich am Lebensstandard der Expartner während der Ehe. Dies hat das Bundesverfassungsgericht in einer Grundsatzentscheidung aus dem Jahr 2011 ausdrücklich klargestellt. Wer wie Brigitte einen Geschiedenen heiratet, der seinem Expartner nachehelichen Unterhalt schuldet, sollte sich klarmachen, dass der Partner mit einer „Hypothek" von Unterhaltszahlungen an den früheren Ehegatten belastet sein kann. Wenn Manfred und Brigitte heiraten, orientiert sich Brigittes Unterhaltsanspruch daran, was Manfred nach Abzug der Unterhaltszahlungen an seine Exfrau Johanna noch an Einkommen verbleibt. Brigittes Anspruch fällt also deutlich kleiner aus als der seiner früheren Ehefrau Johanna.

Frage 2: Was passiert mit Brigittes Witwenrente?

Wenn Manfred und Brigitte heiraten, erhält Brigitte ab dem Monat der Heirat keine Witwenrente mehr. Immerhin gewährt der Staat Verwitweten wie Brigitte, die erneut heiraten, eine kleine Starthilfe für eine neue Ehe. Brigitte erhält für den Wegfall ihrer Witwenrente eine einmalige Abfindung in Höhe der Gesamtsumme der Rentenzahlungen für zwei Jahre. Sie bekommt diesen Betrag aber nur, wenn sie einen entsprechenden Antrag bei der deutschen Rentenversicherung stellt. Achtung: Dieser Betrag ist steuerpflichtig.

Grundsätzlich muss Manfred nach der Heirat für Brigittes Unterhalt aufkommen, denn Ehegatten schulden sich gegenseitig Unterhalt. Brigittes Unterhaltsanspruch orientiert sich daran, was sie selbst an Einkommen erzielt und was Raimund nach Abzug der Unterhaltszahlungen an Johanna verbleibt.

Frage 3: Kann Brigitte ihre Einliegerwohnung vermieten?

Nein, das lebenslange Wohnrecht ermöglicht es ihr nicht, die Wohnung an Dritte zu vermieten. Nur wenn sich ihre Tochter Carola, der das Haus gehört, mit der Vermietung und Vereinnahmung der Erträge durch ihre Mutter einverstanden erklären würde, könnte Brigitte die Wohnung vermieten und das Geld für sich behalten. Grund: Das Wohnrecht berechtigt nur zum Wohnen, nicht zum Vermieten. Anders wäre es, wenn sich Brigitte bei der Übertragung des Hauses auf ihre Tochter ein lebenslanges Nießbrauchrecht an der Einliegerwohnung vorbehalten hätte. Dieses ermöglicht es, die Wohnung selbst zu nutzen oder sie Dritten zu überlassen.

Frage 4: Wie kann Manfred Brigitte absichern?

Manfred möchte nicht, dass Brigitte aus seinem Haus ausziehen muss, falls er vor ihr sterben sollte. Um das zu erreichen, hat er verschiedene Möglichkeiten. Zwei Beispiele: Manfred kann Brigitte in einem Testament als Alleinerbin seines Vermögens einsetzen, wozu dann auch das Haus gehört. Zu beachten ist allerdings, dass in diesem Fall Manfreds Kindern ein Pflichtteil zusteht. Dies ist eine Geldzahlung, die Brigitte aufbringen müsste, falls ein Kind seinen Pflichtteil einfordern sollte. Auch würde das Haus dann nach Brigittes Tod an deren Tochter Carola gehen und nicht an Manfreds Kinder Katharina und Michael, was kaum in Manfreds Interesse sein dürfte. Eine andere Möglichkeit ist, dass Manfred seine zwei Kinder als Erben einsetzt und Brigitte ein lebenslanges Wohn- oder Nießbrauchrecht einräumt. In beiden Fällen wäre sichergestellt, dass Brigitte bis zum Lebensende im Haus wohnen bleiben könnte. Da all diese Regelungen kompliziert sind, sollte Manfred sich unbedingt anwaltlich beraten lassen, bevor er ein Testament verfasst.

Frage 5: Erhält Brigitte erneut eine Witwenrente, falls Manfred vor ihr stirbt?

Falls Manfred, der als Angestellter Beiträge in die gesetzliche Rentenversicherung eingezahlt hat, nicht innerhalb des ersten Jahres nach der Heirat stirbt (in diesem Fall besteht die Vermutung für eine Versorgungsehe), erhält Brigitte als Hinterbliebene von Manfred eine Witwenrente aus der gesetzlichen Rentenversicherung. Weil Manfred im Rahmen seiner Scheidung von seiner Exfrau Johanna beim Versorgungsausgleich Rentenpunkte an sie abtreten musste, ist seine Rente aber nicht allzu üppig. Brigitte stünden 55 Prozent von Manfreds Rente als Witwenrente zu. Ihre Witwenrente fiele also recht bescheiden aus.

Frage 6: Müssen Manfred und Brigitte ihre Vorsorgevollmachten ändern?

Manfred und Brigitte hatten sich schon vor der Heirat umfassend in ihren Vorsorgevollmachten bevollmächtigt. Es ist zwar nicht zwingend erforderlich, sie anzupassen, wenn die Urheber eindeutig zu erkennen sind, aber es ist ratsam. Da die Vollmachten im Rechtsverkehr von Bedeutung sind, empfiehlt es sich, sie nach der Heirat, wenn sich Namen und Anschriften ändern, zu aktualisieren oder neu zu erstellen. Andernfalls kann es zu Rückfragen und Zeitverzögerungen bei der Erledigung von Aufgaben kommen, weil sich die andere Seite, also etwa das Krankenhaus oder die Bank, absichern will.

Frage 7: Was gilt, wenn ein Partner Pflege benötigt?

Durch die Heirat verpflichten sich die Ehegatten zum gegenseitigen Unterhalt – in guten wie in schlechten Zeiten. Wenn ein Partner Pflege benötigt und gezwungen ist, in ein Heim zu ziehen, prüft der Sozialhilfeträger als Erstes, ob der Pflegebedürftige selbst über genügend Einkommen und Vermögen verfügt, um einen Beitrag zu den Heimkosten zu leisten.

Wäre Brigitte pflegebedürftig, würde sich folgende Situation ergeben: Brigitte hat ihr Haus zwar vor sieben Jahren auf ihre Tochter Carola überschrieben. Solche unentgeltlichen Übertragungen kann der Sozialhilfeträger aber wieder rückgängig machen, sofern die Schenkung noch nicht mehr als zehn Jahre zurückliegt. Nach zehn Jahren ist die Rückforderung ausgeschlossen.

Bevor das Haus verkauft wird, prüft der Sozialhilfeträger aber zunächst, ob es nicht andere Mitglieder in der Familie gibt, die einen Beitrag zu den Heimkosten übernehmen könnten. An erster Stelle steht der Ehepartner, anschließend sind die Kinder an der Reihe. Ist niemand zahlungsfähig, kann der Sozialhilfeträger die Schenkung rückgängig machen, das Haus muss verkauft oder beliehen werden.

Manfred muss sein Haus nicht zur Deckung der Heimkosten verkaufen, solange er darin wohnt. Das gilt selbst, wenn der Erlös

---

Wer erbt? Bei Partnern im höheren Alter, die beide schon Kinder aus früheren Ehen oder Beziehungen haben, kann die gesetzliche Erbfolge nach der Heirat streitanfällige Erbengemeinschaften bilden. Umso wichtiger ist es, dass Sie sich aktiv um Ihre Nachlassplanung kümmern, um dem Partner und der Familie späteren Ärger zu ersparen.

aus dem Verkauf von Brigittes Haus nicht ausreicht und niemand in der Familie in der Lage ist, einen Beitrag zu den Pflegekosten zu leisten. Etwas anderes gilt nur ausnahmsweise, wenn das Haus für einen Bewohner übermäßig groß und es Manfred daher zuzumuten wäre, in eine kleinere Wohnung umzuziehen.

Frage 8: Müssen Manfred und Brigitte ihren Nachlass regeln?

Ja, wenn sie sicherstellen wollen, dass jeweils nur ihre eigenen Kinder ihr Vermögen erben sollen, nicht die des Ehepartners, müssen sie ein Testament machen oder einen Erbvertrag abschließen. Denn nach der gesetzlichen Erbfolge, die ohne eine Nachlassregelung eintritt, steht dem überlebenden Ehegatten stets ein Anteil am Erbe zu. Im Fall von Manfreds Tod würde Brigitte die Hälfte seines Vermögens erben, seine zwei Kinder aus der Ehe mit Johanna die andere Hälfte. Alle Erben zusammen wären Mitglieder einer Erbengemeinschaft. Dies bedeutet, dass sie gemeinsam entscheiden müssten, ob beispielsweise die Dämmung des Hauses erneuert werden soll oder nicht. Wenn dann Brigitte später stirbt, würde sie von ihrer Tochter Carola beerbt. Somit würde ein Teil von Manfreds Vermögen am Ende in Brigittes Familie landen.

Wenn diese Folgen nicht gewollt sind, müssen Manfred und Brigitte ihren Nachlass regeln, zum Beispiel durch ein Testament oder einen Erbvertrag.

Frage 9: Sollten sie einen Ehevertrag abschließen?

Das ist ratsam, denn falls sie keinen Ehevertrag abschließen, greifen bei einer Scheidung die gesetzlichen Regelungen. Diese sind nicht ausgerichtet auf Partner, die erst im Rentenalter heiraten und sich scheiden lassen. Daher sind die Ansprüche, die aufgrund der gesetzlichen Regelungen zum Zugewinn- und Versorgungsausgleich sowie nachehelichen Unterhalt bestehen, nur sehr gering. Erfahrungsgemäß trennen sich Paare im höheren Alter eher von Teilen ihres Vermögens, indem sie es – wie Brigitte – im Wege der vorweggenommenen Erbfolge schon zu Lebzeiten übertragen. Deshalb dürfte der Zugewinnausgleich dürftig ausfallen.

Dasselbe gilt für den Versorgungsausgleich. Da Manfred und Brigitte bei der Heirat beide schon von Rente beziehungsweise Witwenrente leben, erwirtschaften sie während der Ehe keinen Zuwachs mehr an Rentenanwartschaften, der im Rahmen des Versorgungsausgleichs ausgeglichen werden müsste. Auch der nacheheliche Unterhalt würde sicher niedrig ausfallen. Brigitte hätte im Falle einer Scheidung also quasi keine Einkünfte. Daher ist es ratsam, eigene Regelungen für den Scheidungsfall aufzustellen und in einem Ehevertrag festzuzurren. Im Vordergrund sollte dabei stehen, dass der Unterhalt beider Partner fürs Alter gesichert ist, auch wenn sie wieder Singles werden sollten.

Frage 10: Was ändert sich bei der Krankenversicherung?
Wenn Manfred und Brigitte bisher beide gesetzlich versichert waren, können sie ab der Heirat von den Vorteilen der Familienversicherung profitieren, das heißt, Brigitte kann beitragsfrei bei Manfred mitversichert werden, solange sie nicht arbeitet. Weitere Einzelheiten zur Krankenversicherung siehe „Krankheit und Pflege", S. 78).

Binationale Ehen: Recht selbst bestimmen

Was ist zu beachten, wenn ein Partner Ausländer ist, was, wenn beide Ausländer sind und in Deutschland heiraten?

Beispiel 5: Deutsch-italienisches Paar Anfang 30, ein Partner hat bereits ein Kind.

Mario Mazzolino und Lisa Weilmann (34 und 31 Jahre) sind seit drei Jahren ein Paar. Sie haben sich in München kennengelernt, wo Mario als Physiker in einer Forschungseinrichtung angestellt ist. Lisa ist Bürokauffrau und arbeitet Teilzeit in einer Computerfirma. Sie hat einen fünfjährigen Sohn, Max, der aus einer früheren Beziehung mit Florian stammt und einen Kindergarten besucht. Lisa und Florian, die nie verheiratet waren, haben ein gutes Verhältnis. Wichtige Entscheidungen zu ihrem Sohn treffen sie stets gemeinsam. Jedes zweite Wochenende verbringt Max bei seinem Vater in Ingolstadt, außerdem fahren Vater und Sohn regelmäßig zusammen in den Urlaub. Florian zahlt verlässlich Unterhalt für seinen Sohn. Auch Lisa erhält von ihm immer noch eine kleine Unterstützung für den Lebensunterhalt.

Mario, Lisa und Max wohnen seit einem Jahr zusammen in einer Mietwohnung in Schwabing. Mario ist Italiener und stammt aus einer vermögenden Familie, die ihre Wurzeln in Sizilien hat. Wenn seine schon sehr betagten Eltern sterben, wird er einen zu Ferienwohnungen umgebauten Bauernhof im Wert von rund 1,5 Millionen Euro in der Nähe von Catania erben. Lisa und ihre Schwester Sonia werden eines Tages ihr Elternhaus in der Nähe von Stuttgart erben, außerdem eine Finca auf Mallorca, wo Lisas

Eltern regelmäßig die Wintermonate verbringen, seit ihr Vater im Ruhestand ist.

Marios Eltern, die sich inzwischen mit einer deutschen Schwiegertochter abgefunden haben, wünschen sich, dass ihr Sohn seine Hochzeit bei ihnen auf Sizilien feiert, natürlich auch mit kirchlichem Segen. Lisa ist damit einverstanden, allerdings möchte sie allein schon wegen Max in Deutschland wohnen bleiben, damit er in seiner Heimat und der Nähe seines Vaters aufwächst.

Die folgenden Fragen sollten sich Mario und Lisa stellen:

Frage 1: Welches Recht gilt, wenn sie in Italien heiraten?

Der Ort der Heirat spielt für das Ehe- und Scheidungsrecht keine Rolle. Entscheidend ist, wo die Partner als Ehepaar überwiegend leben. Wenn Mario und Lisa auf Sizilien heiraten und anschließend in Deutschland leben, greift deutsches Eherecht. Sollten sie im Laufe ihrer Ehe den Entschluss fassen, nach Italien umzuziehen, käme bei einer Scheidung italienisches Recht zur Anwendung, sofern sie dort den Großteil ihrer Ehe gelebt haben.

Die kirchliche Trauung auf Sizilien hat keinen Einfluss darauf, dass für sie deutsches Eherecht gilt. Anders, wenn Mario und Lisa in Sizilien kirchlich heiraten und dort leben. Wegen der engen Verknüpfung von Staat und Kirche in Italien erkennt der italienische Staat kirchliche Trauungen als rechtsverbindlich an.

Frage 2: Muss Florian weiter Unterhalt für Max und Lisa zahlen?

An seiner Unterhaltsverpflichtung gegenüber Max ändert sich durch Lisas Heirat nichts. Bei Heirat oder Wiederheirat eines Elternteils bleibt weiter der unterhaltspflichtige Elternteil zuständig, hier also Florian. Mario als Lisas Ehepartner wird durch die Heirat nicht mit Max verwandt. Er ist also nicht zu Unterhaltszahlungen gegenüber Max verpflichtet. Für seine frühere Lebensgefährtin Lisa war Florian schon lange nicht mehr zum Unterhalt verpflichtet. Da er nie mit ihr verheiratet war, endete seine Unterhaltspflicht spätestens mit Max' drittem Geburtstag. Alle Zahlungen leistete er freiwillig. Er kann sie also jederzeit einstellen, vor oder nach Lisas Heirat.

Frage 3: Kann Lisa mit Max einfach nach Italien umziehen?

Nein, Lisa kann nicht allein über den Aufenthaltsort von Max entscheiden, sondern nur zusammen mit Florian. Sie beide sind und bleiben Max' Eltern und üben daher – losgelöst von Lisas Heirat – weiter gemeinsam das Sorgerecht aus. Dazu gehört auch die Entscheidung über den Aufenthalt ihres Sohnes. Etwas anderes würde nur gelten, wenn sich Lisa und Florian darauf verständigt hätten, dass Lisa als diejenige, bei der Max wohnt, das alleinige Sorgerecht erhält. Dann könnte sie alle Max angehenden Entscheidungen allein und ohne Florians Mitwirkung treffen.

Frage 4: Was ändert sich bei der Krankenversicherung?
Bei der Krankenversicherung ändert sich nichts, da Mario und Lisa angestellt sind und jeweils ihre eigenen Beiträge zur gesetzlichen Krankenversicherung zahlen. Von der Familienversicherung könnten sie nur profitieren, wenn ein Partner so gut wie keine eigenen Einkünfte erzielen würde.

Frage 5: Gelten steuerliche Besonderheiten, weil Mario Italiener ist?
Nein, denn Mario lebt und arbeitet für einen deutschen Arbeitgeber in Deutschland. Somit ist er hierzulande unbeschränkt steuerpflichtig. Als Ehepaar können Mario und Lisa wie alle Verheirateten zwischen Einzelveranlagung und Zusammenveranlagung wählen und vom günstigen Splittingtarif profitieren.

Frage 6: Ist Lisa abgesichert, falls Mario etwas zustößt?
Da Mario Pflichtbeiträge in die gesetzliche Rentenversicherung zahlt, ist Lisa über den dort verankerten Hinterbliebenenschutz für Ehepartner abgesichert. Allerdings greift dieser erst, wenn sie mindestens ein Jahr verheiratet waren. Ihre Witwenrente würde auch nur sehr gering ausfallen, zumal ihr eigenes Einkommen anzurechnen wäre. Wichtig ist daher, dass Mario und Lisa für den Fall vorsorgen, dass einem von ihnen etwas zustoßen sollte, am besten durch den Abschluss einer Risikolebensversicherung.

Frage 7: Welche Besonderheiten gelten beim Erben?
Keine, solange Mario und Lisa in Deutschland leben. Ab August 2015 gilt die EU-Erbrechtsverordnung. Danach richtet sich das Erbrecht nach dem gewöhnlichen Aufenthalt des Erblassers zum Todeszeitpunkt. Da Mario und Lisa in Deutschland leben, kommt deutsches Erbrecht zur Anwendung. Ohne Testament erbt nach den gesetzlichen Regeln nach Marios Tod Lisa drei Viertel, das restliche Viertel erben Marios Eltern beziehungsweise seine Geschwister in Italien.

Durch ein Testament oder einen Erbvertrag könnten Lisa und Mario die Anwendung italienischen Erbrechts vereinbaren. Wichtig ist aber, dass sie sich von einem Experten für internationales Recht gut beraten lassen.

Frage 8: Marios Eltern möchten nicht, dass Lisa und Max den Bauernhof erben. Was können sie tun?
Wenn es Marios Eltern wichtig ist, dass der Bauernhof in ihrer Linie bleibt und nur an Mario und gegebenenfalls seine Kinder geht, sollten sie entsprechende Regelungen in einem Testament oder Erbvertrag treffen. Da sie in Italien leben, müssen sie ihre eigene Nachlassplanung nach italienischem Recht vornehmen. Angenommen, beide Eltern sterben im Mai 2015 und Mario beerbt sie. Falls Mario nun im September 2016 sterben sollte, greift deutsches Erbrecht, da Mario seinen gewöhnlichen Aufenthalt in Deutsch-

Erbfälle mit internationalem Bezug werfen meist eine Reihe komplizierter Fragen auf. Wichtig ist, sich rechtzeitig beraten zu lassen und eigene Regelungen zu treffen, um sich und seinen Erben böse Überraschungen zu ersparen.

land hat. Ohne Testament würden seine Frau Lisa und seine Kinder, die er bis dahin vielleicht hat, zu gleichen Teilen den Hof erben. Auf diesem Weg würde der Hof zum Teil bei der Schwiegertochter Lisa und in der Folge bei Max landen. Um das zu verhindern, müssten Marios Eltern entweder selbst entsprechende testamentarische Regelungen treffen oder ihren Sohn dazu veranlassen, den Hof an seine Kinder zu vererben.

Frage 9: Welches Erbrecht gilt für die Finca auf Mallorca?

Es greift deutsches Recht, da Lisas Eltern nur die Wintermonate auf Mallorca verbringen. Ihr gewöhnlicher Aufenthalt, auf den es für die Frage, welches Erbrecht gilt, ab August 2015 ankommt, liegt weiter in Deutschland. Dies gilt auch, falls Lisas Mutter auf Mallorca stirbt. Unter der Annahme, dass Lisas Eltern kein Testament haben, würde der Vater die Hälfte des Vermögens von Lisas Mutter erben, Lisa und ihre Schwester die andere Hälfte, also jeweils ein Viertel. Der Vater, Lisa und die Schwester würden eine Erbengemeinschaft bilden.

Anders, wenn Lisas Eltern ihren Wohnsitz komplett nach Mallorca verlagert und dort ihren gewöhnlichen Aufenthalt hätten. Dann käme spanisches Recht zur Anwendung, wenn Lisas Mutter stirbt, und zwar für ihr gesamtes Vermögen, auch für den Anteil am Familienheim in Stuttgart. Nach spanischem Recht erben Lisa und ihre Schwester zu je gleichen Teilen. Ihr Vater erhält als Ehegatte anders als nach deutschem Recht nur ein lebenslanges Nutzungsrecht am Familienheim. Möchte Lisas Mutter das nicht, müsste sie durch Testament festlegen, dass deutsches Erbrecht gelten soll. Diese Möglichkeit sieht die neue Verordnung vor.

Frage 10: Können Mario und Lisa beim Ehe- und Erbrecht wählen?

In einem notariellen Ehevertrag und in einem Erbvertrag können sie sich auf die Anwendung italienischen oder deutschen Rechts verständigen. Wichtig ist, dass sie sich zuvor ausführlich über die Vor- und Nachteile des jeweiligen Rechts informieren. Mehr dazu siehe „Heirat über Ländergrenzen“, S. 163.

Für alle Fälle vorsorgen

Vorsorgevollmacht, Testament, Alters- und Familienabsicherung: Durch die Heirat ändern sich viele rechtliche Vorzeichen. Einige Punkte müssen Sie unbedingt regeln, um sich und die Familie optimal abzusichern.

Sie haben Ihre Gästeliste für die Hochzeitsfeier fertig, der Termin für die Trauung steht fest, und nun geht es an die Vorbereitungen im Einzelnen. Das macht Spaß, ist aber meist auch ziemlich stressig. Vor allem, wenn Familienmitglieder und Freunde Ihnen viele gut gemeinte Tipps geben, wie man dieses und jenes am besten machen sollte.

Dass Sie sich in dieser aufregenden Phase nicht unbedingt damit beschäftigen möchten, dass Ihnen oder Ihrem Partner etwas zustoßen könnte, ist verständlich. Dennoch: Sie sollten sich an diese Stelle im Buch ein Post-it kleben und es selbst im Trubel der Hochzeitsvorbereitungen zumindest kurz überfliegen. Vorteil: Die Stichwörter „Vorsorgevollmacht“, „Testament“, „Alters- und Familienabsicherung“ bleiben im Hinterkopf. Außerdem sollten Sie sich fest vornehmen: Wenn nach der Feier etwas Ruhe eingekehrt ist, kümmern wir uns um diese Themen. Es ist in Ihrem eigenen Interesse, im Interesse Ihres Partners und Ihrer Familie, möglichst gut für den Fall vorzusorgen, dass einem von Ihnen etwas zustoßen sollte.

Eine Vorsorgevollmacht verfassen

Wichtig ist für alle Paare, Regelungen für den Fall zu treffen, dass einem Partner etwas zustößt und er nicht selbst für sich entscheiden kann.

Auch bei schon lange Verheirateten ist die Vorstellung weit verbreitet, dass sich Ehepartner automatisch in allen Angelegenheiten gegenseitig vertreten können. Dies sollte doch insbesondere gelten, wenn ein Partner aufgrund eines Unfalls, einer Krankheit oder aus anderen Gründen nicht in der Lage ist, eigene Entscheidungen für sich zu treffen?! Doch Fehlanzeige. Die Heirat löst zwar eine Reihe rechtlicher Folgen aus, die vor allen Dingen das Zusammenleben, die Familie und den Scheidungsfall betreffen. Dennoch behandelt der Gesetzgeber die Ehepartner grundsätzlich als zwei einzelne eigenständige Personen, die selbst für sich entscheiden.

„Ohne Vollmacht dürfen Sie nicht für Ihren Ehepartner handeln.

Es ist daher zwingend erforderlich, dass sich Ehepartner genau wie unverheiratet Zusammenlebende gegenseitig bevollmächtigen, um im Ernstfall für den anderen entscheiden zu können.

Genauer gesagt, sie sollten eine Vorsorgevollmacht erstellen. Das ist eine besondere Art der Vollmacht, in der Sie eine andere Person benennen, die alle Aufgaben für Sie erledigen und rechtsverbindliche Erklärungen für Sie abgeben darf, wenn Sie selbst das nicht mehr können. Rechtlich gesehen ist eine Vorsorgevollmacht ein Auftrag.

Haben Sie keine Vorsorgevollmacht und sind beispielsweise nach einem Unfall oder Schlaganfall nicht ansprechbar, wird ein Betreuungsgericht eingeschaltet. Dann spricht ein eingesetzter Betreuer mit, wenn es um einen ärztlichen Eingriff, Ihren Aufenthalt, Vermögensfragen und andere Dinge geht, zu denen Sie sich selbst nicht äußern können, weil Sie dazu in diesem Augenblick nicht in der Lage sind.

Daher der Rat: Jeder Mensch ab 18, egal, ob verheiratet oder nicht, sollte sicherstellen, dass eine Person seines Vertrauens in seinem Sinn über ärztliche Eingriffe, medizinische Behandlungen, Regelungen zu seinem Vermögen, zum Ort seines Aufenthalts

Für alle Fälle
Ein Unfall kann jeden treffen. Deshalb ist eine Vorsorgevollmacht für alle über 18 ein Muss.

und zu anderen wichtigen Fragen entscheidet, falls er dies selbst nicht mehr kann.

Ob Sie daneben zu Ihrer zusätzlichen Sicherheit noch eine Betreuungsverfügung errichten für den Fall, dass Ihre Bevollmächtigten das Amt nicht übernehmen können oder wollen, ist Ihre persönliche Entscheidung. Dasselbe gilt bezüglich der Frage, ob Sie eine Patientenverfügung haben sollten. Es gibt einige Gründe, die dafürsprechen. Zwingend notwendig ist sie aber nicht, wenn Sie durch eine umfassende Vorsorgevollmacht sichergestellt haben, dass Ihr Bevollmächtigter auch über ärztliche Eingriffe und Gesundheitsfragen entscheiden kann.

Vollmachten nach der Heirat anpassen

Falls Sie und Ihr Partner bereits gegenseitige Vorsorgevollmachten erstellt haben, müssen Sie im Prinzip nichts weiter veranlassen, wenn Sie sich zur Heirat entschließen. Die Vollmachten bleiben nach dem Gang zum Standesamt wirksam, auch wenn sich der Name eines Partners ändert.

Um Missverständnisse zu vermeiden, sollten Sie die Vorsorgevollmacht nach der Heirat anpassen. Auf Nummer sicher gehen Sie, indem Sie eine neue anfertigen. Hierbei sollten Sie auch berücksichtigen, dass es ratsam ist, neben Ihrem Partner einen weiteren Bevollmächtigten zu benennen. So ist gewährleistet, dass eine weitere Person Ihres Vertrauens entscheiden kann, falls Ihr Partner im Ernstfall nicht erreichbar ist.

→ Formulare mit Ausfüllhilfen

Im „Vorsorge-Set“ der Stiftung Warentest finden Sie ausführliche Informationen zu diesem Thema. Außerdem finden Sie darin die wichtigsten Formulare zum Heraustrennen sowie Ausfüllhilfen. Sie bekommen „Das Vorsorge-Set“ im Buchhandel oder über www.test.de/shop.

Erben selbst bestimmen

Wer heiratet, sollte sich auch Gedanken über seine Nachlassplanung machen. Durch ein Testament oder einen Erbvertrag können Sie die gesetzliche Erbfolge ausschließen.

Anders als bei der Vorsorgevollmacht, an der sich durch Heirat nichts ändert, gelten beim Erben nach dem Gang zum Standesamt neue gesetzliche Regeln. Danach steht dem Ehepartner neben Verwandten des verstorbenen Partners stets ein Anteil am Erbe zu. Wer seinen Ehepartner in einem größeren oder kleineren Umfang als gesetzlich vorgesehen bedenken will oder andere Personen als seine Erben wünscht, muss also tätig werden. Die gesetzlichen Erbregeln lassen sich durch ein Testament oder einen Erbvertrag außer Kraft setzen. Wichtig ist daher zunächst, die gesetzlichen Erbregelungen im eigenen Fall zu kennen und mit dem Partner gemeinsam zu überlegen, ob es bei der gesetzlichen Erbfolge bleiben und wer Erbe werden soll.

Gesetzliche Erbfolge

In welchem Umfang der Ehegatte nach der gesetzlichen Erbfolge erbt, hängt vom Güterstand ab, den das Paar gewählt hat, und davon, ob der verstorbene Partner Kinder hat. Hinterlässt er Kinder, erben diese nach den gesetzlichen Regeln stets mit. Dabei kommt es nicht darauf an, ob es sich um leibliche oder adoptierte Kinder handelt.

Beispiel: Rainer und Angelika haben zwei gemeinsame Kinder und bisher als Paar ohne Trauschein zusammengelebt. Rainer hat einen Sohn aus einer früheren Beziehung.

1. **Heirat mit Zugewinngemeinschaft** Heiraten Rainer und Angelika ohne Ehevertrag, leben sie ab der Heirat automatisch im Güterstand der Zugewinngemeinschaft. Dies führt zu einer

Kinderlose Ehepaare – Viele sind der Meinung, dass sie aufgrund der Heirat automatisch Alleinerbe des Vermögens werden, falls ihr Ehepartner sterben sollte. Das ist falsch. Hat der Verstorbene keine Kinder, erben seine Eltern und eventuell Geschwister, Neffen und Nichten sowie deren Kinder und die Großeltern des Erblassers mit. Nur wenn er keine dieser aufgezählten Verwandten hat, erbt der Ehegatte alles.

Erhöhung des Erbteils des Ehepartners. Falls Rainer stirbt, erbt Angelika ein Viertel seines Vermögens. Darüber hinaus erhält sie ein weiteres Viertel als pauschalen Ausgleich für den während der Ehe erwirtschafteten Zugewinn. Insgesamt steht ihr also die Hälfte von Rainers Nachlass zu.
Die andere Hälfte des Nachlasses erben Rainers drei Kinder zu gleichen Teilen, jedes Kind also ein Sechstel.
Wenn Angelika stirbt, gilt im Prinzip dasselbe wie bei Rainers Tod. Rainer erbt ein Viertel nach den gesetzlichen Erbregeln und ein weiteres Viertel als pauschalen Ausgleich für den Zugewinn, unterm Strich also die Hälfte. Die andere Hälfte erben zu gleichen Anteilen ihre beiden Kinder, also jeweils ein Viertel.

2 Heirat mit Gütertrennung

Falls Rainer und Angelika in einem Ehevertrag Gütertrennung vereinbaren, erhält der Ehepartner nur seinen gesetzlichen Erbanteil.
Wenn Angelika stirbt, erben Rainer und Angelikas zwei Kinder je ein Drittel. Stirbt Rainer, erbt Angelika ein Viertel seines Vermögens, seine drei Kinder (zwei aus der Ehe mit Angelika, eines aus einer früheren Beziehung) erhalten zu gleichen Teilen die restlichen drei Viertel. Jedes Kind bekommt also ein Viertel.

→ Gütertrennung

Bei Gütertrennung hängt der Erbanteil des Ehegatten davon ab, wer neben ihm gesetzlicher Erbe ist. Hinterlässt der Verstorbene ein Kind, erben er und das Kind je die Hälfte, bei zwei Kindern erben er und die Kinder je ein Drittel. Bei drei und mehr Kindern erbt der überlebende Ehegatte ein Viertel. Die restlichen drei Viertel entfallen auf die Kinder zu je gleichen Teilen. Bei drei Kindern ist also jedes Kind mit einer Quote von einem Viertel am Nachlass beteiligt.

---

i

Zugewinn ist immer gleich – Leben Sie im gesetzlichen Güterstand der Zugewinngemeinschaft, erhält der Überlebende neben seinem gesetzlichen Erbanteil stets ein weiteres Viertel am Nachlass als pauschalen Ausgleich für den Zugewinn während der Ehe. Dies gilt unabhängig davon, wie lange die Ehe bestanden hat und ob tatsächlich ein Vermögenszuwachs erzielt wurde.

Was gehört zum Nachlass?

Zum Nachlass, an dem die Erben entsprechend ihrer Quoten beteiligt sind, gehören alle Besitztümer des Erblassers. Beispielsweise zählen dazu Häuser, Grundstücke, Bankguthaben, Schmuck, Kunstwerke, Wertpapiere, Betriebe und Beteiligungen an Gesellschaften, Forderungen aus Darlehen, die der Erblasser gewährt hat, und andere Vermögenswerte. Zum Nachlass gehören auch die Schulden, die der Erblasser hinterlässt, wie beispielsweise Mietschulden, Steuerschulden, Hypothekenkredite und andere Verbindlichkeiten.

Wer einem seiner Erben eine spezielle Sache zuwenden will, muss dies in jedem Fall testamentarisch regeln.

Beispiel: Das Elternhaus soll die Tochter bekommen, die Mietwohnung der Sohn. In diesem Fall besteht die Möglichkeit, Haus und Wohnung durch ein Vermächtnis der Tochter beziehungsweise dem Sohn zuzuwenden oder für die Aufteilung des Erbes eine Teilungsanordnung in diesem Sinne vorzunehmen.

Streitanfällige Erbengemeinschaft vermeiden

Nach den gesetzlichen Erbregeln erbt der Ehepartner selten allein. Meist ist er neben anderen Personen als Erbe berufen. Wichtig zu wissen: Mehrere Miterben bilden stets eine Erbengemeinschaft. Das ist eine Art Zwangsgemeinschaft der Miterben, die bestehen bleibt, bis der Nachlass des Verstorbenen verteilt ist.

Nach der gesetzlichen Erbfolge bildet der Ehegatte mit allen leiblichen Kindern des Erblassers – auch denen aus früheren Beziehungen (siehe Beispiele in der Tabelle) – eine Erbengemeinschaft. An dieser Gemeinschaft ist jeder Miterbe entsprechend seiner Quote beteiligt.

Beispiel: Johannes und Marianne haben eine Tochter Christiane. Aus einer früheren Beziehung hat Johannes noch einen Sohn Jakob. Falls Johannes stirbt, erben nach der gesetzlichen Erbfolge seine Frau Marianne die Hälfte seines Vermögens, seine zwei leiblichen Kinder je ein Viertel. Die Ehefrau, die gemeinsame Tochter Christiane und Jakob,

---

Zur Klarstellung: Alle paar Jahre gehören Testament oder Erbvertrag auf den Prüfstand. Sie erwerben vielleicht ein Grundstück oder verkaufen ein Haus. Auch die Familienverhältnisse und Beziehungen können sich verändern, sodass eine Anpassung des letzten Willens nötig werden kann.

Wie sich Ehegatten bestmöglich absichern

Ab der Heirat gelten automatisch Erbregeln, die im Bürgerlichen Gesetzbuch festgelegt sind. Danach ist der Ehepartner beim Erben stets mit von der Partie. Sofern Sie und Ihr Partner sich gegenseitig bestmöglich absichern möchten, sollten Sie dennoch in den meisten Fällen handeln.

Hochzeitspaar	Gesetzliche Erben*	Tipp
Junges Paar, keine Kinder, Eltern leben noch	¾ Ehegatte, ¼ Eltern des Verstorbenen	Testament errichten und sich gegenseitig als Alleinerben einsetzen, **Achtung:** Eltern haben Pflichtteilsanspruch in Höhe von ⅛ des Nachlasswerts
Junges Paar, ein Partner hat Kind aus früherer Beziehung, Eltern leben noch	**Tod des kinderlosen Partners:** ¾ Ehegatte, ¼ Eltern des Verstorbenen **Tod des Partners mit Kind:** ½ Ehegatte, ½ Kind	Testament errichten und sich gegenseitig als Alleinerben einsetzen, **Achtung:** Eltern und Kind haben Pflichtteilsansprüche
Paar mittleren Alters, beide haben Kinder aus früherer Ehe	½ Ehegatte, ½ die leiblichen Kinder des Verstorbenen	Testament („Berliner Testament") oder Erbvertrag errichten, mit dem überlebender Ehepartner bestmöglich abgesichert wird
Paar mittleren Alters, gemeinsame Kinder	½ Ehegatte, ½ die leiblichen Kinder	Gesetzliche Erbregelung möglicherweise im Interesse der Eltern, **Achtung:** Streitanfällige Erbengemeinschaft, daher „Berliner Testament" empfehlenswert
Älteres Rentnerpaar, keine Kinder, Eltern bereits verstorben	¾ Ehegatte, ¼ Geschwister des Verstorbenen	Testament errichten und sich gegenseitig als Alleinerben einsetzen, **Achtung:** Geschwister haben keinen Pflichtteilsanspruch
Älteres Rentnerpaar, ein Partner hat Kinder aus früherer Ehe, Eltern bereits verstorben	**Tod des kinderlosen Partners:** ¾ Ehegatte, ¼ Geschwister des Verstorbenen **Tod des Partners mit Kindern:** ½ Ehegatte, ½ die Kinder	Testament oder Erbvertrag errichten und den Partner bestmöglich absichern, **Achtung:** Die Kinder haben einen Pflichtteilsanspruch, die Geschwister nicht

* Kein Ehevertrag abgeschlossen

Mustertext

Berliner Testament

Ute und Herbert Lang haben zwei Söhne, Carl und Leon. Sie möchten regeln, dass der überlebende Partner zunächst allein erbt. Die Kinder sollen erst nach dessen Tod erben. Diese spezielle Form des Ehegattentestaments nennt sich Berliner Testament.

Unser Testament: Wir, die Eheleute Ute Lang, geboren am 22.09.1964, und Herbert Lang, geboren am 16.11.1962, beide derzeit wohnhaft in Köln, Dürener Str. 140, setzen uns gegenseitig als alleinige Vollerben unseres gesamten Vermögens ein.

Schlusserben des länger Lebenden von uns werden unsere Kinder Carl, geboren am 06.11.1996, und Leon, geboren am 29.03.1998, derzeit wohnhaft in Köln, Dürener Str. 140.

Verlangen unsere Kinder nach dem Tod des Erstversterbenden gegen unseren Willen den Pflichtteil, sind sie für den zweiten Todesfall von der Erbfolge ausgeschlossen.

____

Ort, Datum,
Unterschrift Herbert Lang

____

Ort, Datum,
Unterschrift Ute Lang

der Sohn aus der früheren Beziehung, bilden eine Erbengemeinschaft.

In Erbengemeinschaften gibt es oft Streit unter den Mitgliedern, weil sie jede Entscheidung zu den Nachlassgegenständen gemeinsam fällen müssen. Ist beispielsweise das Dach eines im Nachlass befindlichen Mietshauses defekt, müssen alle Mitglieder der Erbengemeinschaft gemeinsam entscheiden, ob und wie aufwendig das Dach repariert werden soll.

Im oben genannten Beispiel müssten Marianne, ihre Tochter und Johannes' vorehelicher Sohn Jakob also gemeinsam über die Dachreparatur entscheiden. Bis zu seiner Volljährigkeit wird Jakob von seiner Mutter vertreten. Auch sie kann daher mitsprechen. Damit ist Streit programmiert. Die Interessen der Miterben können völlig unterschiedlich sein. Beispielsweise, wenn Marianne das Haus möglichst schnell verkaufen will, während ihre Tochter es lieber behalten und langfristig vermieten möchte. Oder wenn Jakobs Mutter das Haus egal ist, aber sie Marianne nicht ausstehen kann und schon aus Prinzip querschießt und jede Entscheidung torpediert. Je nach Interessenlage können die Meinungen über die anstehende Dachreparatur dann weit auseinandergehen.

Mustertext

Ehegattentestament

Nina und Björn Sommer haben im Juli geheiratet. Sie haben keine Kinder und wollen sicherstellen, dass der überlebende Partner Alleinerbe wird, falls der andere stirbt.

Unser Testament: Wir, die Eheleute Nina Sommer, geboren am 05.10.1982, und Björn Sommer, geboren am 12.07.1980, beide derzeit wohnhaft in Berlin, Otto-Suhr-Allee 25, setzen uns gegenseitig als alleinige Vollerben unseres gesamten Vermögens ein.

Für den Fall, dass unsere Ehe vor dem Tod eines von uns aufgelöst wird, sollen die in diesem Testament getroffenen Verfügungen insgesamt unwirksam sein. Der Eheauflösung gleich steht der Antrag auf Ehescheidung. Dabei ist es egal, wer von uns die Scheidung beantragt hat.

____

Ort, Datum,
Unterschrift Björn Sommer

____

Ort, Datum,
Unterschrift Nina Sommer

→ Streitpotenzial verringern

Ihr Interesse sollte schon zum Schutz Ihres Partners darauf gerichtet sein, eine streitanfällige Erbengemeinschaft zu vermeiden. Für minderjährige Kinder aus früheren Beziehungen können Sie durch eine Verwaltungsanordnung festlegen, wer den Erbanteil Ihres Kindes bis zu seiner Volljährigkeit verwaltet.

Schieben Sie Ihre Nachlassplanung daher nicht so lange vor sich her, bis es im schlimmsten Fall zu spät ist. Sobald Sie sich von der Hochzeitsfeier ein bisschen erholt haben, sollten Sie sich dieses Thema vornehmen. Falls Sie einen notariellen Ehevertrag mit Ihrem Partner abschließen, können Sie beim Notar gleichzeitig ein notarielles Testament errichten.

Aber Achtung: Gebühren können Sie seit der Reform der Gerichts- und Notargebühren 2013 kaum noch sparen, wenn Sie Ehe- und Erbvertrag in einer Urkunde zusammenfassen. Daher der Rat: Lassen Sie zwei getrennte Urkunden aufsetzen, einen Ehevertrag und einen gesonderten Erbvertrag. Andernfalls gibt es Probleme, falls Sie den Erbvertrag später widerrufen und aus der Verwahrung zurücknehmen wollen.

Handschriftliches Testament verfassen

Der Gang zum Notar ist nicht zwingend vorgeschrieben, wenn es um Ihr Testament geht. Sie können es auch selbst verfassen.

Wichtig dabei ist, die strengen Formvorschriften zu beachten, die das Gesetz vorgibt. Andernfalls ist es unwirksam mit der Konsequenz, dass die gesetzliche Erbfolge greift (siehe Tabelle „Wie sich Ehegatten bestmöglich absichern", S. 121).

Das Wichtigste: Das handschriftliche Testament muss vom ersten bis zum letzten Buchstaben mit der Hand geschrieben werden und Ort, Datum und Unterschrift mit Vor- und Zunamen enthalten. Bei Ehegattentestamenten (Beispiele siehe S. 122, 123) genügt es, wenn ein Partner das Testament schreibt (natürlich auch mit der Hand) und der andere Ort, Datum und Unterschrift (Vor- und Zuname) daruntersetzt.

Vor allem bei komplizierteren Familienverhältnissen und größeren Vermögen sollten Sie aber besser fachlichen Rat in Anspruch nehmen.

▶ **Weitere Einzelheiten und Beispiele für testamentarische Regelungen finden Sie in unserem Ratgeber „Vererben und Erben". Sie erhalten ihn im Buchhandel oder unter www.test.de/shop.**

Hinterbliebene zusätzlich privat absichern

Ansprüche aus der Hinterbliebenenversorgung fallen oftmals nur sehr dürftig aus. Daher empfiehlt sich für die meisten eine zusätzliche private Vorsorge.

Nicht nur für junge Paare, die Nachwuchs planen, sondern auch für Partner im mittleren Alter und im Rentenalter ist es wichtig, sich bestmöglich gegenseitig für den Fall abzusichern, dass der Partner stirbt. Deshalb sollten Sie sich, wenn der Hochzeitstrubel vorbei ist und der Alltag langsam wieder einkehrt, auch mit diesem Thema näher befassen.

Die wichtige Nachricht vorweg: Verfügt Ihr Partner nicht über genügend eigene Einkünfte, um seinen Lebensunterhalt beziehungsweise den der Familie zu bestreiten, tun Sie gut daran, eine Risikolebensversicherung abzuschließen, die im Falle Ihres Todes eine größere Zahlung leistet. Denn eine Hinterbliebenenrente aus der gesetzlichen Rentenversicherung reicht oft nicht einmal für das Nötigste. Auch bei Beamten oder Freiberuflern bleibt in der Regel eine Versorgungslücke.

Wie die Hinterbliebenenversorgung in der gesetzlichen Rentenversicherung, bei Beamten und Freiberuflern geregelt ist, erfahren Sie in den folgenden Abschnitten. Der Einfachheit halber beschränken wir uns auf die Begriffe „Witwe" und „Witwenrente". Die Regelungen gelten natürlich analog für Witwer und eingetragene Lebenspartner.

Witwenrente aus der gesetzlichen Rentenversicherung

Der Ehepartner und die Kinder eines Angestellten erhalten im Falle seines Todes Zahlungen aus der gesetzlichen Rentenversicherung. Eine Ausnahme gilt nur für Paare im ersten Ehejahr: In dieser Zeit bestehen grundsätzlich noch keine Ansprüche. Hintergrund ist, dass der Gesetzgeber reine Versorgungsehen verhindern will. Das sind Ehen, die nur geschlossen werden, um den Partner für den Todesfall abzusichern.

Beispiel: Roland ist lebensgefährlich an Krebs erkrankt. Kurz vor seinem Tod heiratet er seine langjährige Lebensgefährtin Andrea. In diesem Fall zahlt die Versicherung nach Rolands Tod keine Rente an Andrea. Denn bereits zum Zeitpunkt der Heirat stand fest, dass er voraussichtlich nicht mehr lange leben würde.

Etwas anderes gilt aber, wenn ein Partner infolge eines Unfalls oder einer nicht vorhersehbaren Krankheit im ersten Ehejahr völlig unerwartet stirbt. Dann prüft die Versicherung die Umstände des Todesfalls und zahlt eine Rente an den Hinterbliebenen, falls der Tod des Ehepartners tatsächlich nicht vorhersehbar war.

Daneben ist eine weitere Besonderheit zu beachten: Der Verstorbene muss mindestens fünf Versicherungsjahre in der gesetzlichen Rentenversicherung gesammelt haben, bevor überhaupt ein Anspruch auf Hinterbliebenenrente besteht. Aber auch bei dieser Grundregel gibt es Ausnahmen.

Beispiel: Verena Wagner kommt bei einem Arbeitsunfall ums Leben. In diesem Fall hat ihr Ehemann Jens einen Anspruch auf eine Witwerrente, auch wenn seine Frau noch keine fünf Jahre in die gesetzliche Rentenversicherung eingezahlt hat.

Die Höhe des Hinterbliebenenschutzes orientiert sich an den Rentenansprüchen, die der Verstorbene bis zu seinem Tod erworben hat. Beim Ehepartner liegen sie zwischen 25 und 60 Prozent dieser erworbenen Ansprüche, bei den Kindern betragen sie 10 oder 20 Prozent davon.

Welcher Prozentsatz in Ihrem Fall gilt, hängt von verschiedenen Faktoren ab. Zum Beispiel davon, wann Sie geheiratet haben, wie alt Sie zum Zeitpunkt des Todes Ihres Partners sind, ob Sie voll arbeiten können oder erwerbsgemindert sind oder Kinder erziehen. Je nachdem, was für Sie zutrifft, erhalten Sie entweder nur die „kleine Witwenrente", die mit 25 Prozent extrem mager ausfällt, oder die „große Witwenrente".

Wenn Sie eigene Einkünfte haben, ist es zudem wahrscheinlich, dass Sie die Witwenrente nicht in voller Höhe erhalten. Denn eine eigene Rente oder ein eigenes Gehalt werden nach einem komplizierten System angerechnet.

Fazit: Die Berechnung der Hinterbliebenenrente im Einzelfall ist äußerst komplex. Nur Folgendes sollten Sie sich merken: Die Rente liegt in jedem Fall deutlich unter den Ansprüchen, die der Verstorbene an Anwartschaften bis zu seinem Tod erworben hat. Es reicht also nicht, sich für den Todesfall nur auf den Hinterbliebenenschutz aus der Rentenversicherung zu verlassen. Je jünger Sie sind, desto geringer fallen in der Regel Ihre Ansprüche aus.

→ Für Familien mit Kindern besonders wichtig

Insbesondere als junges Hochzeitspaar mit Kinderwunsch und Vorstellung von eigener Wohnung oder Haus und als Paar im mittleren Alter, das schon Kinder hat, sollten Sie unbedingt für den Todesfall eines Partners vorsorgen, am besten durch den Abschluss einer Risikolebensversicherung.

Rentenabfindung bei neuer Heirat

Von Jahr zu Jahr steigt die Lebenserwartung von Männern und Frauen. Daher kommt es heute immer häufiger vor, dass Witwen und Witwer erneut heiraten. Wichtig zu wissen: Die bisherige Hinterbliebenenrente fällt dann weg.

Wenn Sie verwitwet sind und eine Rente erhalten, sollten Sie sich vor einer erneuten Heirat ausführlich beraten lassen. Denn als kleine Starthilfe für eine erneute Eheschließung spendiert die gesetzliche Rentenversicherung Witwen und Witwern eine einmalige Abfindung. Deren Höhe hängt davon ab, ob der Hinterbliebene die kleine oder große Witwenrente bezieht. Sie beträgt maximal das 24-Fache der Monatsrente. Diese Abfindung bekommen Sie nicht automatisch. Sie müssen sie bei der gesetzlichen Rentenversicherung beantragen.

Einzelheiten zur Hinterbliebenenrente und Berechnungsbeispiele finden Sie in unserem Ratgeber „Der Renten-Fahrplan“, ausführliche Informationen zur Hinterbliebenenversorgung von Beamten in unserem Ratgeber „Pension und Rente im öffentlichen Dienst“. Beide Bücher erhalten Sie im Buchhandel, oder Sie können sie über www.test.de/shop bestellen.

Vorsicht: Die Rentenabfindung ist steuerpflichtig. Um beim Finanzamt keine bösen Überraschungen zu erleben, sollten Sie auch die Versteuerung der Abfindung am besten vor der Heirat klären.

Absicherung für Hinterbliebene von Beamten

Auch die Ehepartner und Kinder von Beamten haben unter bestimmten Bedingungen Anspruch auf eine Hinterbliebenenversorgung, wenn der Partner oder ein Elternteil stirbt. Allerdings ist zu beachten, dass jeder Dienstherr seine eigenen Regeln hat und die Versorgungsgesetze von Bundesland zu Bundesland kleine Unterschiede aufweisen.

Einige Punkte gelten jedoch auch hier für alle: Um eine reine Versorgungsehe auszuschließen, besteht genau wie in der gesetzlichen Rentenversicherung im ersten Ehejahr grundsätzlich noch kein Anspruch. Der Verstorbene muss außerdem mindestens fünf Jahre als Beamter tätig gewesen sein, damit der hinterbliebene Ehegatte Ansprüche reklamieren kann.

Liegen diese Voraussetzungen vor, beträgt das Witwengeld in der Regel 55 Prozent der Pension beziehungsweise der Pensionsansprüche des verstorbenen Beamten.

Sind dessen Pensionsansprüche gering, steht dem Ehepartner ein Mindestwitwengeld zu. In Nordrhein-Westfalen beläuft es sich zum Beispiel derzeit auf 921 Euro brutto im Monat – ein deutlicher Vorteil gegenüber der gesetzlichen Rentenversicherung.

Bezieht der hinterbliebene Partner eine eigene gesetzliche Rente, wird diese nicht auf das Witwengeld angerechnet. Anders ist es, wenn er selbst als Beamter tätig war. Dann erfolgt eine komplizierte Anrechnung der Pensionsansprüche auf die eigenen Bezüge. Immer hat der Hinterbliebene jedoch Anspruch auf einen Mindestbelassungsbetrag von 20 Prozent des Witwengeldes.

Heiratet ein früherer Beamter erst als Pensionär und nach Vollendung des 65. Lebensjahres, erhält der verwitwete Ehegatte einen sogenannten Unterhaltsbeitrag in Höhe des Witwengeldes. In diesem Fall werden eigene Einkünfte immer auf den Unterhaltsbeitrag angerechnet.

Fazit: Auch die Ehepartner von Beamten haben unter bestimmten Voraussetzungen einen Anspruch auf Hinterbliebenenversorgung. Diese liegt jedoch lediglich bei rund der Hälfte der Versorgungsbezüge des Beamten. Daher ist auch bei Beamten eine weitere Absicherung der Familie, zum Beispiel durch den Abschluss einer Risikolebensversicherung, dringend anzuraten.

Leistungen an Hinterbliebene aus Versorgungswerken

Ärzte, Zahnärzte, Anwälte, Architekten, Bauingenieure – viele Berufsgruppen sind von Gesetzes wegen verpflichtet, entsprechend dem Einkommen regelmäßig Beiträge in ein berufsständisches Versorgungswerk einzuzahlen. Dies sichert ihre eigene Altersversorgung und den Hinterbliebenen Leistungen

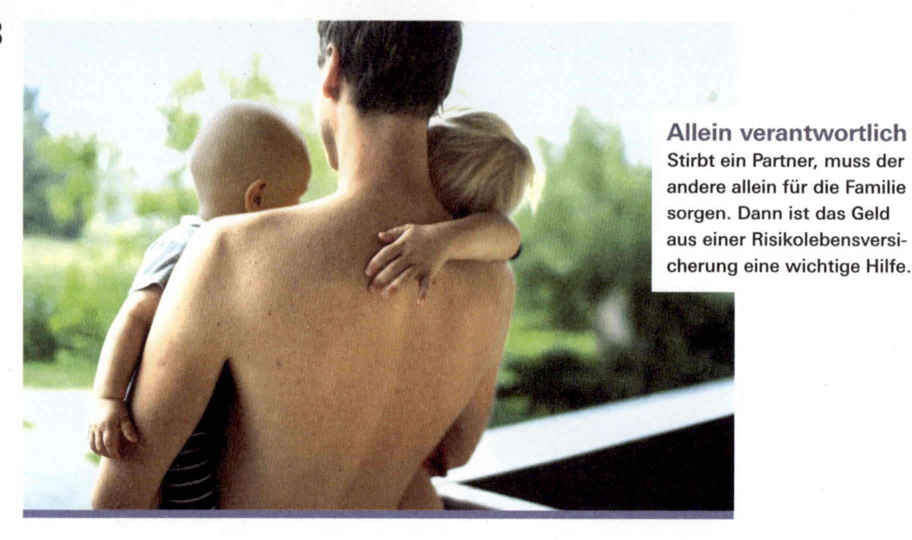

Allein verantwortlich
Stirbt ein Partner, muss der andere allein für die Familie sorgen. Dann ist das Geld aus einer Risikolebensversicherung eine wichtige Hilfe.

im Todesfall des Versicherten zu. Auch die Leistungen aus den verschiedenen Versorgungswerken unterscheiden sich in Details, wobei einige Punkte überall gelten:

Die Hinterbliebenen eines Freiberuflers erhalten als Versorgung 60 Prozent der Berufsunfähigkeitsrente, die der Verstorbene zum Todeszeitpunkt erhalten hätte. Falls er bereits Rentner ist, erhält der Ehegatte 60 Prozent der Rente.

Anders als bei anderen Versorgungsträgern werden eigene Einkünfte des Hinterbliebenen nicht angerechnet. Ein eigenes Gehalt oder eine eigene Rente führen also nicht zu einer Kürzung der Hinterbliebenenrente.

Ein weiterer Unterschied zu anderen Versorgungsträgern: Der Anspruch auf eine Hinterbliebenenrente besteht prinzipiell bereits ab dem Tag, an dem der Freiberufler seinen ersten Beitrag ans Versorgungswerk gezahlt hat. Freiberufler müssen also nicht wie Angestellte oder Beamte eine fünfjährige Versicherungszeit erfüllt haben.

Der Anspruch auf Hinterbliebenenrente kann allerdings an Bedingungen geknüpft sein. Diese sind nicht bei allen Versorgungswerken gleich. Manche zahlen beispielsweise nicht, wenn der Hinterbliebene noch jung ist, oder sie setzen voraus, dass die Ehe eine Mindestzeit bestanden hat. Daneben können andere Einschränkungen bestehen.

Fazit: Erkundigen Sie sich bei Ihrem Versorgungswerk, wenn Sie wissen möchten, welche Bedingungen in Ihrem Fall gelten. Eines ist allerdings sicher: Auch bei Freiberuflern reicht die Hinterbliebenenversorgung in der Regel nicht für den Lebensunterhalt einer Familie.

Selbstständige müssen zusätzlich vorsorgen

Ist ein Partner oder sind beide Partner selbstständig und weder in der gesetzlichen Rentenversicherung noch in einem Versorgungswerk pflichtversichert, sollten sie umfassend vorsorgen, um den Partner und die Familie für den Todesfall abzusichern. Denn die Hinterbliebenen erhalten keine Leistungen aus der gesetzlichen Rentenversicherung, wenn der selbstständige Partner nicht freiwillig darin eingezahlt hat, also keine Anwartschaften erworben hat.

Ratsam ist, neben einer Risikolebensversicherung, die im Todesfall des Partners eine größere Zahlung leistet, zusätzliche Maßnahmen zur Sicherung der Alters- und Hinterbliebenenversorgung vorzunehmen, zum Beispiel den Abschluss einer privaten Rentenversicherung zu erwägen oder freiwillige Beiträge in die gesetzliche Rentenversicherung zu zahlen.

Dabei sollten Sie allerdings darauf achten, dass Sie genügend liquide bleiben, um den laufenden Lebensunterhalt der Familie zu sichern und notwendige Investitionen im Betrieb zu tätigen.

Eine Risikolebensversicherung abschließen

Um den Ehepartner und die Familie zusätzlich zu den gesetzlichen Ansprüchen aus der Rentenversicherung oder einem Versorgungswerk abzusichern, ist der Abschluss einer Risikolebensversicherung sehr zu empfehlen. Der Versicherer zahlt im Todesfall die vereinbarte Versicherungssumme an die im Vertrag festgelegten Personen aus, beispielsweise 150 000 Euro. Eine solche Police kostet weniger als 100 Euro pro Jahr und bietet den Angehörigen effektiven zusätzlichen Schutz.

Die Beitragshöhe richtet sich nach der vereinbarten Versicherungssumme, der Vertragslaufzeit sowie dem Alter und dem Gesundheitszustand der versicherten Person. Je jünger und gesünder Sie bei Vertragsabschluss sind, desto preiswerter wird es. Nichtraucher zahlen für den gleichen Schutz weniger als Raucher. Auch der Beruf und (gefährliche) Hobbys können die Höhe des Beitrags beeinflussen.

Bei der Gesundheitsprüfung, die die Versicherer vor Vertragsabschluss verlangen, sollten Sie nicht flunkern: Geben Sie sich beispielsweise als Nichtraucher aus, sterben dann aber an einer Krankheit, die durch Rauchen verursacht wird, zahlt der Versicherer nicht in voller Höhe.

→ Den richtigen Vertrag finden

Sofern Sie sich schon als junges Paar ohne Kinder für eine Risikolebensversicherung entscheiden, wählen Sie einen Vertrag mit Nachversicherungsgarantie. Sie haben dann die Möglichkeit, bei der Geburt eines Kindes oder anderen Anlässen die Versicherungssumme zu erhöhen, ohne sich einer erneuten Gesundheitsprüfung unterziehen zu müssen.
Weitere Informationen und Tests von Risikolebensversicherungen finden Sie unter www.test.de, Suchwort „Risikolebensversicherung".

Liebe über Ländergrenzen

Sie oder Ihr Partner sind Ausländer und wollen in Deutschland oder im Heimatland Ihres Partners heiraten? In diesem Fall gibt es einige Besonderheiten zu beachten. Am besten, Sie gehen Ihre Vorbereitungen für die Hochzeit frühzeitig an!

In der globalisierten Welt wachsen die Länder und Kontinente immer enger zusammen. Vor 30 Jahren gingen Schulabgänger als Au-pair oder für ein freiwilliges Jahr nach England, Frankreich oder Spanien. Heute fliegen sie nach Costa Rica, Neuseeland, in die USA oder Brasilien, um dort für ein Jahr durch Work and travel Erfahrungen zu sammeln, sich in sozialen Projekten zu engagieren oder einfach nur die Welt zu erkunden. Auslandssemester werden heute um einiges häufiger als früher an weit entfernten Orten der Welt absolviert. Genauso kommen ausländische Studenten von weit her nach Deutschland.

Deutschland ist außerdem auch als Zuwanderungsland sehr beliebt. Allein im Jahr 2013 zogen laut Angaben des Statistischen Bundesamtes über 1,2 Millionen Menschen nach Deutschland – so viele, wie zuletzt vor 20 Jahren.

Eine Folge: Rund 13 Prozent der Ehen hierzulande werden zwischen Ausländern beziehungsweise Deutschen und Ausländern geschlossen. Für sie ergeben sich besondere Rechtsfragen.

Heirat in Deutschland

Die deutschen Standesämter fordern in jedem Fall Unterlagen des Partners aus dem Ausland an. Das kann aufwendig sein und auch einiges kosten.

Egal, ob einer der Partner aus Frankreich, Polen, Thailand oder Südafrika stammt: Ihre Heirat benötigt in jedem Fall mehr Vorbereitung und Zeitvorlauf als bei einem Brautpaar, bei dem beide die deutsche Staatsangehörigkeit haben.

Die deutschen Standesämter verlangen die Vorlage eines Ehefähigkeitszeugnisses vom ausländischen Partner, das er in seinem Heimatland anfordern und von einem amtlich bestellten Dolmetscher übersetzen lassen muss. Das Zeugnis bestätigt, dass seiner Heirat nach den geltenden Gesetzen seines Heimatlandes keine Hindernisse im Weg stehen. Dies ist Voraussetzung für die Eheschließung vor einem deutschen Standesamt.

→ Mehr Zeit einplanen

Informieren Sie sich mindesten ein Jahr vor Ihrem geplanten Hochzeitstermin beim Standesamt Ihrer Wahl, welche Unterlagen der ausländische Partner für die Heirat benötigt.

Kommt der ausländische Partner aus Italien, Spanien, Frankreich oder einem anderen EU-Nachbarland, bedeutet dies keinesfalls immer, dass die erforderlichen Unterlagen einfacher und schneller zu beschaffen sind, als wenn er aus Asien oder Afrika stammt. Das Eherecht in Europa ist nach wie vor wenig vereinheitlicht.

Nur ein Beispiel: Ist ein Partner Franzose, kann er, auch wenn er alle Voraussetzungen erfüllt, von seiner zuständigen Behörde im Heimatland kein Zeugnis über seine Ehefähigkeit erhalten. Denn ein solches Dokument kennt die französische Bürokratie nicht. Um beim deutschen Standesamt grünes Licht für die Heirat zu bekommen, ist das Zeugnis aber erforderlich. Damit der Franzose in Deutschland heiraten kann, muss er auf gerichtlichem Weg ein Befreiungsverfahren einleiten. Das kann mitunter Monate dauern und verursacht Kosten.

Kompliziert wird es auch, wenn der ausländische Partner schon einmal verheiratet war und geschieden ist. Dann müssen seitenlange Anträge ausgefüllt, die Scheidungsurteile vorgelegt und übersetzt und außerdem Gründe für die Scheidung angegeben werden. Allein für den Übersetzer kommen auf die Heiratskandidaten schnell einige Hundert Euro an Kosten zu.

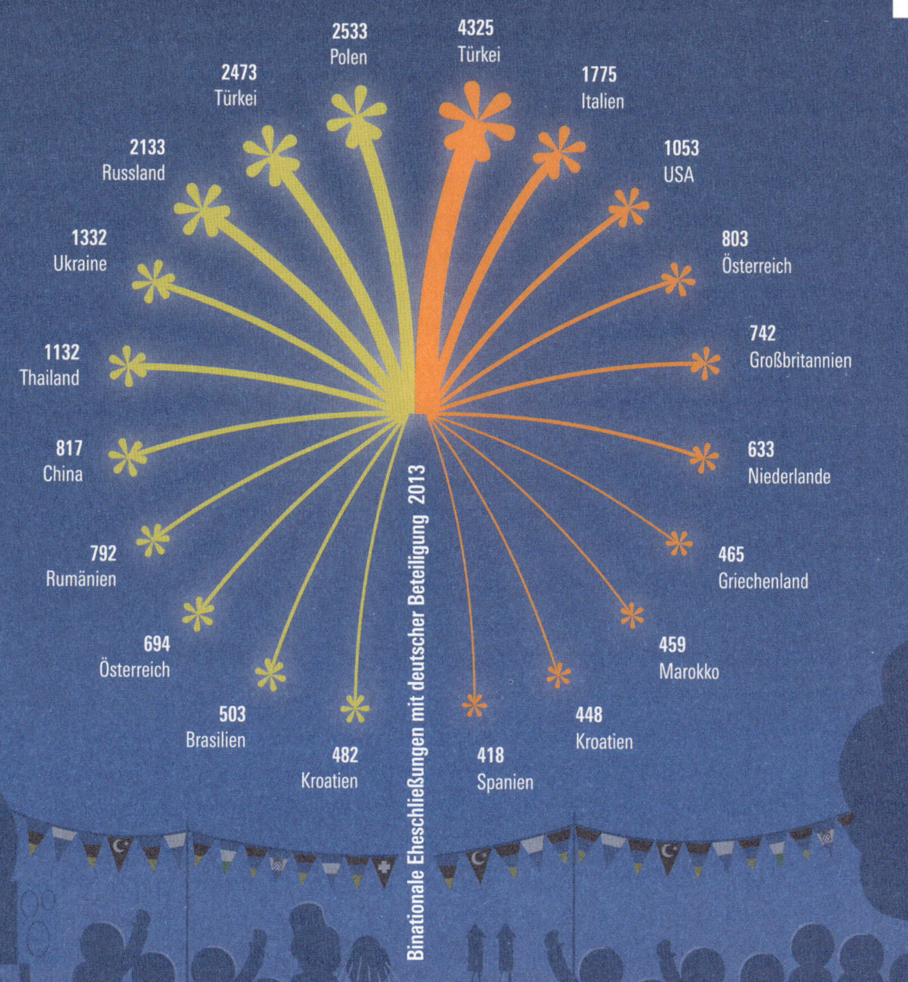

Liebe ohne Grenzen

Gut zehn Prozent der Ehen, die 2013 geschlossen wurden, waren binational. Die Grafik zeigt, welche Partnernationalitäten bei deutschen Frauen (orange) am beliebtesten waren und welche bei deutschen Männern (gelb).

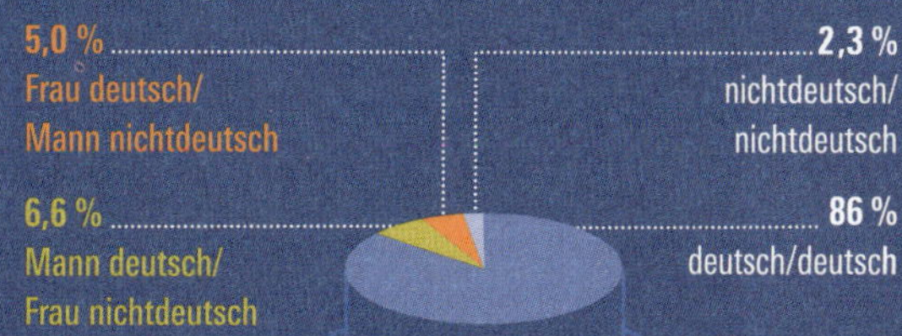

Quelle: Verband binationaler Familien und Partnerschaften, unterschieden wurde nur nach Staatsangehörigkeit, Migrationshintergrund wurde nicht erfasst.

Stammt der Partner aus einem Nicht-EU-Land oder aus einem Land außerhalb von Europa, kann die Beschaffung der Unterlagen unter Umständen noch mehr Zeit in Anspruch nehmen. Ratsam ist es daher, sich bei der Botschaft des Heimatlandes genau zu erkundigen, auf welchem Weg die Unterlagen für die Heirat am schnellsten und günstigsten zu beschaffen sind.

Keine Trauung ohne Standesbeamten

Es ist nicht möglich, dass ein Ausländer in Deutschland nach den Rechtsvorschriften seines Heimatlandes heiratet.

Beispiel: Muslimen ist es in Ägypten erlaubt, mit bis zu vier Frauen verheiratet zu sein. In Deutschland ist das nicht zulässig. Ein bereits in Ägypten verheirateter Muslim hätte daher unter Umständen die Möglichkeit, ein Ehefähigkeitszeugnis aus seinem Heimatland zu erhalten. Heiraten kann er in Deutschland dennoch nicht, da ihm das nach deutschem Recht untersagt ist.

Für die Eheschließung vor einem Standesamt in Deutschland gelten stets die deutschen Vorschriften. Erforderlich ist also, dass ein Standesbeamter die Trauung vornimmt und beurkundet (Einzelheiten siehe „Im Standesamt: Wie die Trauung abläuft“, S. 28).

Wahlmöglichkeiten beim Namen

Heiraten binationale Paare in Deutschland, fragt der Standesbeamte sie vor der Trauung, welchen Namen sie als Ehepartner führen wollen. Das Paar kann entscheiden zwischen den vielfältigen Möglichkeiten des deutschen Namensrechts (siehe „Die Qual der Wahl: Der Name nach der Heirat“, S. 24). Es kann aber auch einen Namen wählen, der nach dem deutschen Namensrecht eigentlich nicht zulässig ist, wohl aber nach dem Recht des Partners aus dem Ausland.

Binationale Partner sollten bei der Namenswahl beachten, dass ein nach deutschen Vorschriften zulässiger Name nicht immer im Heimatland des ausländischen Partners anerkannt wird. Das kann zu Problemen führen, wenn der ausländische Partner in seiner Heimat Pässe oder offizielle Dokumente beantragen muss.

Andere Länder, andere Sitten: Nach dem Eherecht in Syrien, Marokko und einigen anderen Ländern ist es vorgeschrieben, dass zwei Notare an der Trauung teilnehmen. Nur wenn diese auch bei der Trauung vor dem deutschen Standesamt anwesend sind, erkennen die ausländischen Behörden die Ehe in ihrem Land an.

→ Abklären, was erlaubt ist

Vor der Entscheidung für einen Namen sollten Sie sich über das im Heimatland des ausländischen Partners geltende Recht informieren. Sie vermeiden Diskussionen, wenn Sie einen Namen wählen, der in beiden Ländern möglich ist.

Welche Rechtsfolgen hat die Heirat?

Was die Trauungszeremonie vor dem deutschen Standesamt selbst angeht, können Sie keine großen Wünsche äußern. Wie eine Trauung im Heimatland des ausländischen Partners durchgeführt wird, spielt in diesem Zusammenhang keine Rolle. Auch in dieser Hinsicht gilt in Deutschland stets deutsches Eherecht. Was aber gilt ab der Heirat? Wem gehört das Vermögen, das ein binationales Paar während der Ehe gemeinsam erwirtschaftet? In welchem Umfang muss ein Partner für den Unterhalt der Familie aufkommen? Welches Sorgerecht gilt? Und was gilt, falls es am Ende doch zur Trennung und Scheidung kommen sollte? Das sind zentrale Fragen, die jedes Paar in seinem individuellen Fall am besten noch vor der Heirat klären sollte. Binationale Paare sollten berücksichtigen, dass der ausländische Partner möglicherweise ganz andere Vorstellungen von der Ehe hat als der deutsche.

In einem Ehevertrag können Sie sich auf das deutsche oder das ausländische Eherecht verständigen. Was das Sorgerecht für die gemeinsamen Kinder angeht, gilt losgelöst von der Nationalität der Eltern für in Deutschland lebende Kinder stets deutsches Recht. Danach haben sie gemeinsam das Sorgerecht, es sei denn, das Familiengericht weist einem Elternteil allein das Sorgerecht zu. Wenn sich Eltern auf die Anwendung anderer Regelungen zum Sorgerecht verständigen, sind diese in Deutschland unwirksam (Infos unter www.familienratgeber-nrw.de).

Etwas anderes gilt bei Vereinbarungen, die Paare für Ihr Zusammenleben und für den Fall der Trennung aufstellen. Sie können sich in einem Ehevertrag, auch wenn Sie nach der Heirat in das Heimatland des ausländischen Partners ziehen, auf das deutsche oder auf das dortige Eherecht verständigen – immer vorausgesetzt, einer von Ihnen ist Deutscher. Sie können sich auch bei einzelnen Punkten, zum Beispiel Zugewinnausgleich und Unterhaltsfragen, auf das eine oder das andere Recht einigen.

Welches Recht gilt, wenn Sie keinen Ehevertrag abschließen, hängt von mehreren Faktoren ab. Richtschnur: Leben Sie als Paar nach der Heirat in Deutschland, gilt deutsches Recht. Ziehen Sie nach der Heirat ins Land des ausländischen Partners, greift das dort geltende Familienrecht. Daher ist es wichtig, sich insbesondere im Hinblick auf die weitere Lebensplanung beraten zu lassen und sich dann in einem Ehevertrag auf die Anwendung des einen oder anderen Rechts zu verständigen.

→ Einen Anwalt finden

Am besten suchen binationale Paare einen Fachanwalt für Familienrecht auf, der außerdem Erfahrung mit dem Familienrecht des Landes hat, aus dem der ausländische Partner stammt. Am einfachsten ist es, in einer Suchmaschine im Internet „Fachanwalt für Familienrecht" und das jeweilige Land einzugeben oder auf www.anwalt-suchservice.de nach einem Experten zu suchen. Meist haben in Deutschland lebende Ausländer auch Freunde und Bekannte aus ihrer Heimat. Dort könnten sie nach einem erfahrenen Anwalt mit Kenntnissen zum Recht ihres Heimatlandes fragen.

Lebt ein binationales Paar in Deutschland, greift ab der Heirat in Deutschland grundsätzlich das deutsche Ehegüterrecht. Schließen die Partner also keinen Ehevertrag ab, gilt für sie automatisch die Zugewinngemeinschaft (siehe „Was sich beim Vermögen ändert", S. 44). Anders ist dies, wenn beide Ehepartner aus demselben Land stammen, also Ausländer sind und eine gemeinsame Staatsangehörigkeit haben.

Beispiel: Maria und José haben sich beim Schreiben ihrer Doktorarbeit an der Universität in Berlin kennengelernt. Beide stammen aus Portugal, arbeiten in Berlin und wollen dort nun auch heiraten. In diesem Fall greift portugiesisches Güterrecht. Maria und José haben aber die Möglichkeit, sich in einem notariellen Ehevertrag auf das deutsche Güterrecht zu verständigen.

Tipp: Paare, bei denen ein Partner oder beide Ausländer sind, sollten sich insbesondere über die güterrechtlichen Folgen der Heirat sorgfältig beraten lassen.

In zahlreichen Ländern greifen Sondervorschriften für Grundstücke, die zu berücksichtigen sind. Es besteht die Möglichkeit, dass sich die Partner durch einen Ehevertrag auf das Güterrecht des Landes verständigen, aus dem der ausländische Ehegatte stammt. Allerdings sollten sie vor einer solchen Entscheidung die Regelungen der beiden Länder genau gegenüberstellen und Vor- und Nachteile abwägen. Ohne eine Beratung durch einen Anwalt, der sich mit dem Recht beider Länder auskennt, ist das kaum möglich.

Welches Recht gilt, wenn es bei einem binationalen Paar eines Tages zur Scheidung kommen sollte, richtet sich in erster Linie danach, wo die beiden ihren letzten gemeinsamen Wohnsitz hatten. Ist dies in Deutschland gewesen, können sie vor deutschen Gerichten im Regelfall nach deutschem Recht geschieden werden – sofern sie keinen Ehevertrag haben, der etwas anderes regelt.

Wer erbt, wenn ein Partner stirbt?

Auch diese Frage lässt sich bei binationalen Paaren, die in Deutschland geheiratet haben und hier leben, für Erbfälle bis August 2015 nicht immer einfach beantworten. Grundsätzlich vererbt jeder Partner sein Vermögen

Liebe in Europa
Auch wenn ein Partner Pole oder Däne ist, sollten Sie klären, was rechtlich gilt. In der EU gibt es weder ein einheitliches Eherecht noch ein einheitliches Erbrecht.

nach dem Recht des Landes, dessen Staatsangehörigkeit er besitzt.

Stirbt der deutsche Partner, hat der überlebende Partner – egal, aus welchem Land er stammt – einen gesetzlichen Erbanspruch (Details siehe „Binationale Ehen", S. 110).

Der Partner mit ausländischer Staatsangehörigkeit vererbt sein Vermögen nach dem Erbrecht seines Landes. Selbst in den Mitgliedstaaten der EU ist es nicht selbstverständlich, dass der Ehepartner stets ein gesetzliches Erbrecht hat.

Besonderheiten gelten beim Vererben von Grundstücken. Grundstücke im Ausland werden im Regelfall nach dem Recht des Landes vererbt, in dem sie liegen. Es kann also passieren, dass die einzelnen Vermögensgegenstände eines Erblassers nach unterschiedlichen Regelungen vererbt werden. In diesem Fall kommt es zu einer Nachlassspaltung. Das heißt, dass die Immobilien zum Beispiel nach dem Recht des Landes vererbt werden, wo sie sich befinden, die restlichen Vermögenswerte nach dem Land, in dem der Erblasser zuletzt lebte.

Für EU-Bürger greift ab August 2015 die EU-Erbrechtsverordnung. Diese knüpft beim Vererben nicht mehr in erster Linie an die Staatsangehörigkeit an. Ausschlaggebend ist der gewöhnliche Aufenthaltsort des Erblassers. Stirbt beispielsweise ein Italiener in Deutschland, vererbt er sein Vermögen nach dem deutschen Recht, auch ein Grundstück, das er in Italien besitzt. Zwar ist dann zumindest für die EU-Staaten einheitlich geregelt, welches Recht jeweils gilt, wenn kein Testament vorliegt, das Erbrecht als solches in den einzelnen Ländern wird dadurch aber nicht vereinheitlicht.

Beispiel: Inés ist Spanierin und lebt mit ihrem deutschen Freund Achim in Stuttgart. Nun wollen sie heiraten. Inés besitzt noch eine kleine Wohnung in Madrid.

Da Inés und Achim in Deutschland leben, greift deutsches Erbrecht, auch bezüglich der Immobilie in Spanien. Etwas anderes gilt, wenn Inés und Achim sich vor oder nach der Heirat in einem Ehevertrag auf die Anwendung spanischen Erbrechts verständigen. Dann erwirbt der Ehegatte neben den

Kindern lediglich ein Nutzungsrecht an einer Immobilie. Nach deutschem Erbrecht hingegen erbt der Ehegatte stets einen bestimmten Anteil am Nachlass (Weitere Einzelheiten dazu siehe „Erbschaft und Schenkung", S. 74).

→ Es bleiben Unterschiede

Für Erbfälle ab August 2015 wird zwar klarer, welches Recht bei einer Ehe von Deutschen mit EU-Bürgern oder zwischen EU-Bürgern in Deutschland im Todesfall eines Partners zur Anwendung kommt. Allerdings gibt es nach wie vor Unterschiede im Erbrecht der einzelnen EU-Länder.

Zwei Länder, zwei Steuerbehörden

Noch komplizierter als das Erbrecht der einzelnen Länder ist die Steuerfrage, wenn ein ausländischer Staatsangehöriger in Deutschland stirbt oder ein Deutscher, der im Ausland lebt. Werden Immobilien im Ausland vererbt, können noch weitere Länder Steueransprüche reklamieren. Nicht selten greifen auf einen Steuergegenstand mehrere Länder zu, wenn ein Auslandsbezug besteht. In Deutschland kann auf Antrag die ausländische Steuer auf die deutsche Steuer angerechnet werden. Auf diese Weise wird eine Doppelbesteuerung verhindert.

Wichtig ist, dass Sie sich gut beraten lassen und auch Steuerfragen nicht vernachlässigen.

Wenn einer von Ihnen Ausländer ist, sollten Sie sich anlässlich Ihrer Heirat auch mit Ihrer Nachlassplanung beschäftigen. Durch einen Erbvertrag können Sie sich gegenseitig in Ihrem Sinne absichern. Außerdem können Sie dadurch verhindern, dass es zu komplizierten Nachlassspaltungen kommt.

Heirat im Ausland

Binationale Paare heiraten nicht selten im Heimatland des ausländischen Partners. Was ist dabei zu beachten?

Für eine Hochzeit im Ausland kann es verschiedene Gründe geben. In manchen Fällen ist es die Familie des ausländischen Partners, die darauf drängt. Oder der ausländische Partner selbst hat immer davon geträumt. Mitunter ist es auch einfach das beständigere Wetter, zum Beispiel im sonnigen Süden Europas, das den Ausschlag für die Entscheidung gibt.

Aber auch manche deutsch-deutschen Paare heiraten im Ausland: Sie haben sich beispielsweise in Italien oder Spanien im Urlaub kennengelernt, oder sie planen eine USA-Reise und wollen dabei die Chance ergreifen, sich ohne viel Aufhebens und große Gästeliste in Las Vegas das Jawort zu geben. Auch prominente Künstler und Schauspieler, wie zuletzt George Clooney und Amal Alamuddin, zieht es zum Heiraten ins Ausland. Mediterranes Flair in Italien oder Südfrankreich ist unter Promis angesagt.

Es gibt weder für binationale noch für deutsch-deutsche Paare triftige Gründe, die gegen eine Heirat im Ausland sprechen. Wichtig ist allerdings auch dafür, sich rechtzeitig um die im Ausland geforderten Unterlagen zu kümmern.

Genau wie die deutschen Standesämter fordern die ausländischen Behörden ein Ehefähigkeitszeugnis vom deutschen Partner beziehungsweise dem Brautpaar aus Deutschland. Sie bekommen es beim Standesamt an Ihrem Wohnort. Manche Länder verlangen darüber hinaus die Vorlage eines ärztlichen Gesundheitszeugnisses.

Nach der Rückkehr von der Hochzeitsreise nach Hause ist es allein schon aus steuerlichen Gründen ratsam, sich beim zuständigen Standesamt vor Ort eine Urkunde über die Heirat im Ausland ausstellen und ein Familienbuch anlegen zu lassen.

Für binationale und deutsch-deutsche Paare, die sich im Ausland trauen lassen, gilt im Übrigen genau dasselbe wie für Paare, die sich für eine Heirat in Deutschland entscheiden. Leben Sie nach der Hochzeit in Deutschland, gilt für Sie deutsches Ehe- und Familienrecht. Ob Heirat in Las Vegas oder Venedig, macht keinen Unterschied.

Dies bedeutet: Sofern Sie keinen Ehevertrag abschließen, in dem Sie Ihre eigenen Regeln aufstellen, sind Sie gegenseitig zum Unterhalt verpflichtet und leben im gesetzlichen Güterstand der Zugewinngemeinschaft. Kommt es zur Scheidung, wird automatisch der Versorgungsausgleich durchgeführt, wenn Sie mehr als drei Jahre verheiratet waren.

Eigene Regeln aufstellen

In einem Ehevertrag können Sie eigene Vereinbarungen für Ihre Ehe und den Scheidungsfall treffen. In vielen Fällen ist dies ratsam. Wann es besonders wichtig ist und was Sie dabei beachten sollten, erläutern wir in diesem Kapitel.

Soll ich einen Ehevertrag abschließen? Viele Heiratskandidaten bewegt diese Frage gelegentlich im Hinterkopf. Meist wird der Gedanke schnell beiseitegeschoben. Nicht, dass der Partner am Ende noch Zweifel bekommt, wenn er auf das Thema angesprochen wird. Doch solche Überlegungen sind falsch, denn es gibt Situationen, in denen ein Ehevertrag dringend anzuraten ist. Zum Beispiel, wenn ein Partner Inhaber einer Firma ist, ein größeres Vermögen erbt oder mit Schulden in die Ehe geht. In diesen und anderen Fällen, die wir Ihnen in diesem Kapitel vorstellen, sind vertragliche Vereinbarungen sinnvoll. Sprechen Sie Ihren Partner am besten vor der Heirat auf das Thema Ehevertrag an. Aber auch danach ist es dafür nicht zu spät.

Am Ende dieses Kapitels finden Sie Beispiele für Eheverträge, so etwa für Paare im Rentenalter, eine Patchworkfamilie oder die Ehe eines Unternehmers. Die Beispiele liefern Anregungen dafür, wie Sie Ihre eigenen Regeln aufstellen können. Weil aber auch hier gilt, dass jede Ehe einzigartig ist, sollten Sie sie nicht einfach übernehmen.

Was ohne Ehevertrag gilt

Verständlich, wenn Sie sich ausgerechnet mit dem Thema Scheidung kurz vor Ihrem Hochzeitstag nur ungern beschäftigen möchten. Müssen Sie auch nicht im Detail. Um jedoch zu verstehen, warum ein Ehevertrag vernünftig sein kann, ist es wichtig, zunächst einmal zu wissen, welche Regelungen bei einer Scheidung automatisch zum Tragen kommen, wenn Sie keine eigenen treffen.

Nach der Vorstellung des Gesetzgebers leben die Partner im Güterstand der Zugewinngemeinschaft. Hier kurz zusammengefasst, was das für den Fall der Scheidung bedeutet:

- **Zugewinnausgleich:** Der Zugewinn zwischen den Expartnern wird ausgeglichen. Der Zugewinn ist der Zuwachs an Vermögen während der Ehe.
  Durch einen notariellen Ehevertrag können sich Sie sich auf einen anderen Güterstand verständigen.
- **Versorgungsausgleich:** Die während der Ehe erwirtschafteten Renten- oder Pensionsansprüche, betriebliche Altersversorgung und zusätzliche Rentenversicherungen dienen nach der Vorstellung des Gesetzgebers der gleichmäßigen Absicherung beider Partner. Dies bedeutet aber nicht, dass die Rentenanwartschaften schon während der Ehe aufgeteilt werden. Egal, ob verheiratet oder nicht: Jeder Partner bleibt während der Ehe in rechtlicher Hinsicht alleiniger Inhaber seiner Ansprüche. Denn der Gesetzgeber geht davon aus, dass sie in einer intakten Ehe auch im Alter aus einer gemeinsamen Haushaltskasse wirtschaften. Bei einer Scheidung werden alle während der Ehe erworbenen Ansprüche gleichmäßig auf beide Partner aufgeteilt, egal, ob es sich um Renten-, Pensionsansprüche oder Ansprüche aus betrieblicher oder privater Altersvorsorge handelt.
  Durch einen notariellen Ehevertrag können Sie den Versorgungsausgleich ausschließen.
- **Nachehelicher Unterhalt:** Mit der Heirat begründen die Partner eine Haushaltsgemeinschaft und auch eine Wirtschaftsgemeinschaft. Diese gesetzlichen Vorgaben gelten in erster Linie für die Ehe. Kommt es zur Scheidung, ist grundsätzlich jeder Partner danach wieder finanziell selbst für sich verantwortlich. Unter bestimmten Umständen (zum Beispiel bei einer langen Ehe, hohem Alter, Arbeits- und Berufsunfähigkeit) besteht im Prinzip bis zum Lebensende ein Unterhaltsanspruch gegenüber dem Expartner.
  Durch einen notariellen Ehevertrag können Sie einen nachehelichen Unterhaltsanspruch für den Partner, der sich beispielsweise um die Kinder kümmert, vereinbaren oder Sie können Ansprüche auch komplett ausschließen.

Brauchen wir einen Ehevertrag?

Die folgende Übersicht dient Ihrer groben Orientierung. Besprechen Sie diese am besten auch mit Ihrem Partner. Es ist in jedem Fall gut zu wissen, welche Vorstellungen er von der Ehe und Ausgleichansprüchen im Trennungsfall hat.

Heiratskandidaten	Wünsche und Anliegen	Ehevertrag sinnvoll?
Junges Paar, beide berufstätig, kein Kinderwunsch	Wollen finanziell unabhängig bleiben und auf Ausgleichsansprüche im Fall der Scheidung verzichten	Ja, wenn sie die Ausgleichsansprüche ausschließen möchten
Junges Paar, beide berufstätig, Kinderwunsch	Ein Partner möchte Babypause machen und dann Teilzeit arbeiten, bis die Kinder älter sind	Ja, um nachehelichen Unterhalt für den Scheidungsfall festzulegen
Paar im mittleren Alter, Kinder aus früheren Beziehungen	Unterhalt der Kinder soll gesichert werden	Ja, um alle Kinder gleichmäßig abzusichern
Ein Partner ist bei der Heirat verschuldet	Falls Gläubiger die Zwangsvollstreckung betreiben, soll das Inventar der Ehewohnung geschützt werden	Ja, damit das Inventar und künftige Anschaffungen Alleineigentum des nicht verschuldeten Partners sind
Ein Partner ist vermögend oder erwartet größeres Erbe	Die Familie des Vermögenden wünscht, dass das Vermögen und die Wertsteigerungen in der Familie bleiben	Ja, um Wertzuwachs in der eigenen Familie zu halten
Ein Partner ist Unternehmer	Der Wertzuwachs beim Unternehmen soll im Scheidungsfall beim Zugewinnausgleich ausgeklammert werden	Ja, um Existenz der Firma im Scheidungsfall nicht zu gefährden
Wiederheirat von Partnern im Rentenalter, erwachsene Kinder aus früheren Ehen	Partner wollen sich gegenseitig bestmöglich auch für den Scheidungsfall absichern	Ja, um nacheheliche Unterhaltsansprüche sicherzustellen
Ein Partner hat nicht die deutsche Staatsangehörigkeit	Wollen sicherstellen, dass das deutsche Eherecht zur Anwendung kommt oder das des Heimatlandes des ausländischen Partners	Ja, um Sicherheit über das Eherecht zu haben

3 KONFLIKTE, DIE SICH NICHT RECHTLICH REGELN LASSEN

1 Umzug – jetzt oder nie? Nur jeder vierte Mann kann sich vorstellen, in eine andere Stadt zu ziehen, wenn die Frau dort einen Job bekommen hat. Dagegen könnte sich rund die Hälfte der Frauen damit anfreunden, dem Partner zuliebe umzuziehen.

2 Nachwuchs – ja oder nein? Ob und wann ein Paar Kinder bekommt, ist Vereinbarungssache ebenso wie die Frage, ob Elternzeit in Anspruch genommen wird. Laut Umfragen können sich 56 % der Frauen, aber nur 44 % der Männer vorstellen, in Elternzeit zu gehen.

3 Abwasch – ich oder du? Wer wie viel zur Hausarbeit beiträgt, lässt sich nicht einklagen. Gleiches gilt für unterschiedliche Auffassungen von Ordnung und Sauberkeit, die bei 42 % der Paare öfters ausdiskutiert werden.

Quelle: Vorwerk Familienstudie 2013, Institut für Demoskopie Allensbach

Das Zusammenleben: Einkäufe, Hausarbeiten, Finanzen, Sex

Im Prinzip ist es möglich, dass Sie auch Ihr eigenes Regelwerk für Ihr Zusammenleben aufstellen. Darin könnten Sie haarklein alles festlegen, was Ihnen am Herzen liegt, angefangen damit, wer die Einkäufe erledigt, die Spülmaschine ein- und ausräumt und beruflich zurückstecken muss, falls Sie Kinder bekommen. Auch wer finanziell für bestimmte Posten aufzukommen hat, lässt sich regeln. Sie können sich selbst Vertragsstrafen für den Fall von Verstößen überlegen und diese festhalten. Oder eine Vereinbarung treffen, wie häufig Sie Sex haben.

Aber Achtung: All diese Vereinbarungen nutzen Ihnen nichts, wenn sich Ihr Partner nicht daran hält.

Beispiel: Anne und Michael haben sich im Vorfeld ihrer Heirat in einem Ehevertrag darauf verständigt, dass sie stets in München wohnen bleiben. Einige Jahre später bekommt Michael ein tolles Jobangebot in Hamburg und will mit der Familie umziehen. Anne kann dann zwar auf den Ehevertrag verweisen und auf den Familienstandort München pochen. Sie kann Michael damit aber allenfalls moralisch unter Druck setzen, nicht rechtlich. Denn alle Regelungen, die die Art und Weise ihres Zusammenlebens betreffen, lassen sich nicht mit Hilfe der Gerichte durchsetzen.

Fazit: Verzichten Sie im Ehevertrag auf Regelungen zum Zusammenleben. Sie bringen Ihnen rechtlich nichts.

Regelungen zum Vermögen

Sie haben unterschiedliche Möglichkeiten, individuelle Vereinbarungen zum Vermögen zu treffen.

Was genau bedeutet es eigentlich, wenn Ehepaare im Güterstand der Zugewinngemeinschaft leben, und wie berechnet sich der Zugewinn? Das ist nicht immer ganz einfach zu verstehen. Im Folgenden schlüsseln wir noch einmal auf, was ohne Ehevertrag bei der Heirat, während der Ehe und im Falle einer Scheidung gilt.

Bei der Heirat

Beide Partner bringen bestimmte Vermögenswerte mit in die Ehe ein. Diese bilden das Anfangsvermögen für die Berechnung des Zugewinns, der im Scheidungsfall gleichmäßig auf beide zu verteilen ist.

Beispiel: Martina besitzt eine Wohnung, ihr Partner Sascha ein Auto. An den Eigentumsverhältnissen an Wohnung und Auto ändert sich durch die Heirat nichts. Der Wert der Wohnung wird als Anfangsvermögen bei Martina berücksichtigt, der des Autos bei Sascha. Erfährt Martinas Wohnung während der Ehe jedoch eine Wertsteigerung, zählt diese zum Zugewinn, der rechnerisch zur Hälfte auf Sascha entfällt. Nehmen wir an, bei der Heirat hat die Wohnung einen Wert von 100 000 Euro. Nach dem Bau einer Umgehungsstraße steigt er auf 130 000 Euro. Diese Wertsteigerung von 30 000 Euro ist Zugewinn, der gleichmäßig auf beide Partner entfällt, auf jeden also 15 000 Euro.

Hat ein Partner zu Beginn der Ehe Schulden, werden diese von seinem Vermögen abgezogen. Übersteigen seine Schulden sein Vermögen, ist er also verschuldet, hat er ein negatives Anfangsvermögen.

Negatives Anfangsvermögen

Anfangsvermögen	– 20 000 Euro
Vermögen bei der Scheidung	120 000 Euro
Zugewinn	**140 000 Euro**

Während der Ehe

Auch während der Ehe können beide Partner jeweils Alleineigentum an bestimmten Sachen erwerben (zu den Besonderheiten bei Haushaltsgegenständen siehe „Folgen bei den Finanzen“, S. 39). Kauft Sascha also nach der Heirat ein teures Kunstwerk, ist er der alleinige Eigentümer: Es bleibt bei einer Scheidung in seinem Besitz. Da er das Werk jedoch während der Ehe erworben hat, zählt es zu seinem Zugewinn. Rechnerisch steht die Hälfte des Werts der erworbenen Sachen dem Ehepartner im Rahmen des Zugewinnausgleichs zu.

- **Erbschaften** bilden eine Ausnahme, denn sie zählen nicht als Zugewinn. Handelt es sich bei der Erbschaft jedoch zum Beispiel um ein Haus oder ein Kunstwerk, das während der Ehe an Wert gewinnt, ist dieser Wertzuwachs Zugewinn, der wie oben dargestellt gleichmäßig auf beide Partner entfällt.
- **Lottogewinne** sind Zugewinn und auszugleichen, sofern am Ende der Ehe noch etwas davon auf dem Konto ist.

Bei einer Scheidung

Kommt es zur Scheidung, wird der Zugewinnausgleich durchgeführt: Ermittelt wird in einem ersten Schritt jeweils das Endvermögen auf den Stichtag des Scheidungsantrags, getrennt für beide Partner. Hat ein Partner Schulden, werden diese abgezogen. In einem zweiten Schritt wird die Differenz zwischen dem Zugewinn der jeweiligen Partner errechnet. In einem dritten Schritt muss dann derjenige Partner, der mehr Zugewinn erwirtschaftet hat, die Hälfte davon als Geldzahlung an den anderen abtreten. An den Eigentumsverhältnissen an Grundstücken, Sachen oder Rechten ändert sich dadurch nichts.

Beim Tod eines Partners

Stirbt ein Partner, erbt der andere als Ausgleich für den Zugewinn neben seinem gesetzlichen Erbanteil automatisch zusätzlich ein Viertel des Nachlasses, wenn die Ehepartner kein Testament haben. Bei der Erbschaftsteuer steht dem überlebenden Ehegatten neben dem Freibetrag von 500 000 Euro ein weiterer persönlicher Freibetrag in Höhe des Zugewinnausgleichs zu.

Was kann ich alternativ vereinbaren?

Statt der Zugewinngemeinschaft kommen alternativ die Gütertrennung, die Gütergemeinschaft oder eine abgeänderte Form der Zugewinngemeinschaft in Betracht.

Zur Erinnerung: Bei der Gütergemeinschaft gehört das jeweilige Vermögen eines Partners automatisch beiden gemeinsam. Anders als früher wird dieser Güterstand heute kaum noch gewählt. Daher verzichten wir an dieser Stelle auf weitere Ausführungen dazu.

Eine strikte Trennung des Vermögens lässt sich durch die Vereinbarung von Gütertrennung erreichen (siehe Beispielverträge, S. 157, 164).

Wenn Sie sich für die Gütertrennung entscheiden, gelten die gleichen Grundsätze wie für Singles oder Paare ohne Trauschein. Das heißt: Die Heirat ändert hinsichtlich des Vermögens nichts. Was einem Partner allein gehört, gehört weiter ihm allein, auch Wertsteigerungen. Ein Ausgleich findet im Fall einer Scheidung nicht statt. Beim Tod eines Ehegatten wird der gesetzliche Erbanteil des anderen auch nicht durch eine pauschale Quote für den Zugewinnausgleich erhöht. Folge: Sein Anteil am Erbe sinkt (siehe „Erben selbst bestimmen“, S. 118).

Die modifizierte Zugewinngemeinschaft

Die strikte Gütertrennung ist nachteilig bei der Erbschaftsteuer, denn der zusätzliche Freibetrag für den Zugewinnausgleich entfällt. Gutsituierte, bei denen einer oder beide Partner Vermögen im Wert von mehr als 500 000 Euro haben (= Steuerfreibetrag für Ehepartner), entscheiden sich daher heute zunehmend für eine modifizierte Form der Zugewinngemeinschaft. Dadurch lässt sich der zusätzliche Zugewinn-Freibetrag bei der Erbschaftsteuer retten.

Wie das funktioniert? Indem Sie in einem notariellen Ehevertrag zum Beispiel festlegen, dass die Zugewinngemeinschaft nur dann wegfällt, falls es zur Scheidung kommen sollte. Folge: Wird die Ehe geschieden, findet kein Zugewinnausgleich statt. Endet die Ehe nicht durch Scheidung, sondern durch den Tod eines Ehegatten, verbleibt dem Überlebenden aber der zusätzliche Freibetrag für den Zugewinnausgleich bei der Erbschaftsteuer.

Eine modifizierte Form der Zugewinngemeinschaft kann helfen, Erbschaftsteuer zu sparen.

Sie haben zahlreiche Möglichkeiten, die Zugewinngemeinschaft nach Ihren Vorstellungen abzuwandeln. Sie können es beispielsweise prinzipiell beim Zugewinnausgleich belassen und ihn nur für Erbschaften ausschließen, die Sie während der Ehe machen. Zwar zählen Erbschaften nicht zum Zugewinn, wohl aber deren Wertsteigerungen.

Beispiel: Melanie hat ihr Elternhaus geerbt. Sie möchte, dass es in ihrer Familie bleibt und sie im Falle einer Scheidung keine Zahlungen an ihren Expartner dafür leisten muss, falls das Haus im Wert steigen sollte. Sonst aber möchte sie es beim Zugewinnausgleich belassen. Genau das kann sie mit einer modifizierten Form der Zugewinngemeinschaft erreichen.

Die Gütertrennung ist eher ein Auslaufmodell. Familienrechtler raten oft zur modifizierten Zugewinngemeinschaft. Sie können sie auf unterschiedliche Weise individuell ausgestalten. Auch dafür müssen Sie einen Notar aufsuchen und die Änderungen gegenüber der gesetzlichen Zugewinngemeinschaft in einem Ehevertrag festlegen.

Regelungen zur Altersvorsorge

Bei einer Scheidung wird der Versorgungsausgleich durchgeführt, wenn die Ehe länger als drei Jahre bestanden hat. Manchmal kann es sinnvoll sein, dies anders zu regeln.

→ **Junge Paare,** die beide berufstätig sind und am Anfang ihrer beruflichen Laufbahn stehen, machen sich in der Regel keine großen Gedanken über ihre Altersvorsorge. Jetzt sind erst einmal Job und Karriere ein Thema und irgendwann die Familienplanung. Schon bei der Heirat an Scheidung und deren Folgen fürs Rentenalter zu denken erscheint abwegig. Die wenigsten jungen Paare treffen daher eigene Regelungen zur Aufteilung der Rentenansprüche für den Scheidungsfall in einem Ehevertrag.

Häufig ist das auch kein Problem: Mit dem gesetzlichen Versorgungsausgleich, der automatisch gilt, wenn die Ehe länger als drei Jahre bestanden hat, fahren junge Paare mit Kinderwunsch meist gut.

Beispiel: Niklas und Verena sind beide Anfang 20 und angestellt. Sie wollen heiraten, noch ein bisschen Geld sparen, um eine Wohnung zu kaufen, und irgendwann eine Familie gründen. Steckt Verena im Laufe der Ehe im Job zurück und kümmert sich um die Kinder, während Niklas eine Zeitlang als Angestellter den Löwenanteil des Familieneinkommens verdient, partizipiert Verena an seinen in dieser Zeit angesammelten Rentenpunkten für die Altersvorsorge. Denn bei einer Scheidung werden die während der Ehe von jedem Partner erworbenen Rentenpunkte ermittelt, verglichen und gleichmäßig untereinander verteilt.

Ein Partner ist selbstständig

Auch wenn ein Partner selbstständig ist und beispielsweise für sein Alter über berufsständisches Versorgungswerk, einen Rürup-Vertrag oder eine private Rentenversicherung vorsorgt, muss er die Ansprüche, die er dadurch erwirbt, bei einer Scheidung mit seinem Ex teilen.

Beispiel: Simone und Frank wollen heiraten. Sie ist als Außenhandelskauffrau angestellt, Frank ist als IT-Berater selbstständig. Simone erwirbt als Angestellte nach der Heirat automatisch weitere Ansprüche für eine gesetzliche Rente, die ihrem Konto bei der Rentenversicherung Bund gutgeschrieben werden. Falls Simone und Frank sich scheiden lassen sollten, wird der Versorgungsausgleich durchgeführt. Folge: Die von Simone und Frank während der Ehe erwirtschafteten Anwartschaften werden gleichmäßig auf beide verteilt.

Hat Frank als selbstständiger Partner bisher kein Konto bei der Rentenversicherung

Bund, wird für ihn ein eigenes Konto eröffnet. Auf diesem Konto wird ihm die Hälfte der Rentenpunkte, die Simone während der Ehe erworben hat, gutgeschrieben. Wenn Frank als Selbstständiger während der Ehe fürs Alter privat vorgesorgt hat, muss er wie beschreiben die Hälfte seiner Anwartschaften an Simone abtreten. Hat er aber nichts für die Altersvorsorge getan, hat Simone Pech gehabt: Die Hälfte ihrer Rentenpunkte geht an Frank, und sie bekommt von ihm keine Versorgungsansprüche zurück – selbst wenn sie während der Ehe nur halbtags gearbeitet hat und er deutlich mehr als sie verdient und den Grundstein für ein erfolgreiches Unternehmen gelegt hat.

Ein solches Ergebnis lässt sich verhindern, indem die Partner den Versorgungsausgleich in einem Ehevertrag ausschließen. Auch junge Paare sollten sich daher bei der Heirat Gedanken über den Versorgungsausgleich machen und ihn gegebenenfalls ausschließen, wenn ein Partner selbstständig ist.

Paare im mittleren und höheren Alter

Entschließen sich Paare im mittleren und höheren Alter zur Heirat, sollten sie sich in jedem Fall Gedanken über ihre Altersvorsorge machen und Regelungen finden, die beide Partner auch für den Scheidungsfall ausreichend absichern. Auf welche Weise sie das am besten regeln, ist ihre persönliche Entscheidung. Möglich ist beispielsweise, auf den Versorgungsausgleich zu verzichten, ihn auf bestimmte Anwartschaften zu begrenzen, Abfindungen oder Rentenzahlungen oder Unterhaltszahlungen zu vereinbaren.

Tipp: Sie sollten sich unbedingt von einem Fachanwalt für Familienrecht beraten lassen – am besten schon vor der Heirat. Er kann Ihnen Vorschläge machen, wie Sie sich für den Trennungsfall absichern, Vor- und Nachteile der einzelnen Lösungen aufzeigen und entsprechende Vereinbarungen in einem Ehevertrag gemeinsam mit dem Notar abstimmen.

Vereinbarungen zum Versorgungsausgleich bis hin zum Ausschluss werden vom Gericht sorgfältig überprüft, falls es zur Scheidung kommt. Führt der Ausschluss des Versorgungsausgleichs dazu, dass ein Partner nach der Scheidung auf Sozialhilfe angewiesen sein könnte und war dies bereits bei Abschluss des Ehevertrags absehbar, akzeptieren die Gerichte die Vereinbarung nicht. Es greifen dann die Regelungen zum gesetzlichen Versorgungsausgleich.

Regelungen zum Unterhalt

Ehepartner können sich gegenseitige Unterhaltsansprüche einräumen oder komplett darauf verzichten.

Geschiedene Ehegatten haben seit der großen Unterhaltsreform 2008 nur noch in Ausnahmefällen Ansprüche auf nachehelichen Unterhalt. Grundregel ist, dass jeder Partner nach der Scheidung wieder selbst für sich verantwortlich ist. Paare, bei denen keiner wegen der Kinder beruflich kürzertreten möchte oder früher zurückgesteckt hat, müssen sich meist keine Gedanken über Vereinbarungen zum nachehelichen Unterhalt machen.

Anders hingegen Paare, die planen, dass einer von ihnen wegen der Kinder längere Zeit gar nicht oder nur Teilzeit arbeitet. Häufig hat derjenige dann schlechtere Karrierechancen und muss mit einem entsprechend niedrigeren Gehalt auskommen. Paare mit Kinderwunsch können sich zum Beispiel darauf verständigen, dass ihre gemeinsamen Kinder von einem Elternteil bis zu ihrem zehnten Lebensjahr betreut werden sollen und dass der betreuende Elternteil in dieser Zeit Ansprüche auf Unterhalt für sich hat, falls es zur Scheidung kommt.

Paare im Rentenalter, die heiraten wollen, können in einem Ehevertrag festlegen, wie sie die gemeinsamen Alterseinkünfte im Fall der Scheidung aufteilen und wer wem Unterhalt zahlten muss. Der Unterhalt beider Partner sollte auch im Fall der Trennung gesichert sein. Besonders wichtig ist das, wenn, wie in unserem Beispiel „Spätes Glück“ auf S. 105, einer der Partner wegen der Kinder aus einer früheren Ehe lange zu Hause geblieben ist und von einer Witwenrente lebt. Diese fällt durch die Heirat weg. Bei einer Scheidung stünde er mit leeren Händen da.

Ansprüche auf Unterhalt nach einer Scheidung sind heute meist begrenzt. Das sollten Sie im Hinterkopf haben, wenn Sie überlegen, längere Zeit aus dem Beruf auszusteigen. Die Gefahr ist groß, dass der berufliche Zug abgefahren ist, wenn Sie wieder einsteigen möchten. Fallen die Unterhaltszahlungen von Ihrem Expartner dann nach einer Zeit weg, stehen Sie womöglich vor finanziellen Problemen.

„Erst Rat einholen, dann Ehevertrag abschließen“

Notar Jan Peterßen in Düren über seine Erfahrungen mit Mandanten, die Eheverträge wünschen.

Welcher Personenkreis kommt regelmäßig zu Ihnen, um einen Ehevertrag abzuschließen?

Die meisten Mandanten wollen einen Ehevertrag im Zusammenhang mit einer Trennung beziehungsweise einer bevorstehenden Scheidung abschließen. Eine zweite Gruppe sind junge Pärchen vor oder nach ihrer Hochzeit, die vorsorglich die Trennungs- und Scheidungsfolgen in einem Ehevertrag regeln wollen, zuweilen im Zusammenhang mit erbrechtlichen Regelungen. Eine dritte Gruppe sind ältere Paare, die zum wiederholten Mal heiraten und die vielfach sämtliche gesetzlichen Scheidungsfolgen ausschließen wollen, manchmal im Zusammenhang mit einem wechselseitigen Erb- und Pflichtteilsverzicht.

Wissen die Mandanten schon sehr genau, was sie regeln möchten, oder müssen Sie sie umfassend beraten?

Ältere Paare, die einen Ehevertrag anlässlich einer erneuten Heirat abschließen wollen, haben nach meiner Erfahrung die klarsten Vorstellungen über den Inhalt des Ehevertrages. Am meisten Beratungsbedarf besteht in der Regel beim Ehevertrag jüngerer Pärchen aus Anlass der ersten Eheschließung. Sie sind vielfach in rechtlichen Dingen generell noch relativ unerfahren. Für uns Notare besteht die Herausforderung darin, bei der Beratung und Gestaltung des Ehevertrages die Vorstellungen von der gemeinsamen Zukunft und mögliche spätere Abweichungen zu berücksichtigen.

In welchem Bereich gibt es oft falsche Vorstellungen?

Verbreitet ist die Annahme, dass Vermögensgegenstände, zum Beispiel Immobilien, die Ehepartner zum Zeitpunkt der Eheschließung bereits besitzen oder die sie von ihren Eltern erben beziehungsweise geschenkt bekommen, beim Zugewinnausgleich im Rahmen einer Scheidung generell berücksichtigt werden. Diese Vorstellung ist aber nur zum Teil richtig. Beim Zugewinnausgleich werden Wertsteigerungen und Erträge, wie zum Beispiel Mieteinnahmen, berücksichtigt, nicht jedoch der ursprüngliche Wert des Vermögensgegenstandes.

Viele Mandanten denken, dass sie Gütertrennung vereinbaren müssen, um das Vermögen eines Ehegatten vor den Gläubigern des anderen zu schützen. Diese Vorstellung stimmt so nicht. Auch bei Zugewinngemeinschaft bleiben die Vermögen der Ehegatten grundsätzlich getrennt. Somit ist ein Zugriff auf das Vermögen des einen Ehegatten durch Gläubiger des anderen grundsätzlich nicht möglich. Etwas anderes gilt freilich, wenn beide Ehegatten Schuldner sind, etwa weil sie gemeinsam einen Darlehensvertrag unterschrieben haben. Für wichtig halte ich es in diesem Zusammenhang dafür zu sorgen, dass im Ernstfall bewiesen werden kann, welche Gegenstände dem einzelnen Ehegatten gehören. Hierbei kann ein notarielles Vermögensverzeichnis helfen.

Wichtige Fragen zum Ehevertrag

Notarielle Regeln sind nicht nur für Promis und Reiche sinnvoll.

Vor der Hochzeitsfeier ein gediegenes Notarbüro aufsuchen und dort einen Vertrag schließen? Viele Paare finden das unromantisch. Heiratskandidaten, die bereits eine Ehe mit Scheidungsschlammschlacht hinter sich haben, sehen das häufig nüchterner. Aber was kostet ein Ehevertrag eigentlich, und was ist beim Vertragsabschluss zu beachten? Im Folgenden finden Sie die Antworten auf Fragen, die sich Paare, die sich mit dem Thema beschäftigen, immer wieder stellen:

Sollten wir den Ehevertrag schon vor der Heirat abschließen?

Das ist sinnvoll, aber nicht zwingend vorgeschrieben. Sie können jederzeit einen Ehevertrag abschließen, vor der Heirat, während der Ehe und schließlich auch im Vorfeld einer Scheidung. Wird der Ehevertrag erst im Vorfeld der Scheidung geschlossen, handelt es sich um eine Scheidungsfolgenvereinbarung. Darin einigen sich die Partner abweichend von den gesetzlichen Regelungen auf die Folgen ihres Auseinandergehens.

Eines sollten Sie jedoch beachten, wenn der Ehevertrag in erster Linie auf Ihre Initiative hin abgeschlossen werden soll: Beginnen Sie frühzeitig damit, sich darum zu kümmern. Wenn Sie den Vertrag bereits vor der Heirat abgeschlossen haben, sind Sie auf der sicheren Seite. Heiraten Sie hingegen ohne Ehevertrag und ändert Ihr Partner anschließend seine Meinung und möchte keinen Vertrag mehr, können Sie ihn nicht zur Unterschrift zwingen. Dies gilt auch, wenn er sich vorher zu einem Ehevertrag bereit erklärt hatte.

Tipp: Falls Sie ein Unternehmen haben oder aus einer vermögenden Familie stammen, die Wert auf einen Ehevertrag legt, sollten Sie vor der Heirat einen Notar aufsuchen und den Vertrag abschließen.

Was müssen wir beachten, wenn wir einen weitreichenden Ehevertrag abschließen möchten?

Strikte Gütertrennung, Verzicht auf den Versorgungsausgleich, Ausschluss nachehelicher Unterhaltsansprüche – durch entsprechende Klauseln im Ehevertrag können Sie trotz Heirat dafür sorgen, dass Sie rechtlich nahezu wie vor dem Gang zum Standesamt dastehen. Da so weitreichende Eheverträge das gesetzliche Scheidungsfolgenrecht komplett aushebeln, kommen sie aber spätestens bei einer Scheidung auf den Prüfstand. Die Gerichte prüfen dann im Einzelfall, ob bei Abschluss des Ehevertrags beide Partner auf Augenhöhe waren. Es soll ausgeschlossen werden, dass einer dem anderen das fertige Klauselwerk präsentiert und ihn womöglich sogar zur Unterschrift gedrängt hat.

Leider passiert es immer wieder, dass Eheverträge unter Druck unterschrieben werden und am Ende vor Gericht landen. Der Bundesgerichtshof erklärte beispielsweise weitreichende nachteilige Eheverträge für nichtig, wenn Frauen zum Zeitpunkt des Vertragsabschlusses schwanger und daher besonders belastet waren. Nur aufgrund dieser Drucksituation hatten sie ihre Unterschriften unter diese Verträge gesetzt.

Tipp: Falls Sie und Ihr Partner auf sämtliche gegenseitigen Ansprüche im Scheidungsfall verzichten wollen, halten Sie im Ehevertrag unbedingt Ihre aktuelle finanzielle Situation und die Beweggründe für einen so weitreichenden Ehevertrag fest. Prüfen Sie auch, ob die Gütertrennung tatsächlich das ist, was Sie möchten, oder ob die modifizierte Zugewinngemeinschaft nicht vorteilhafter für Sie wäre (siehe „Die modifizierte Zugewinngemeinschaft“, S. 147).

Nicht unter Druck: Die Gäste sind geladen. Drei Tage vor der Trauung präsentiert ein Partner dem anderen einen Ehevertrag und droht, die Hochzeit platzen zu lassen, wenn er nicht unterschreibt. Falls Ihnen das passiert und Sie trotzdem noch heiraten wollen, **holen Sie sich unbedingt fachlichen Rat.** Erklären Sie Ihrem Partner, dass auch nach der Heirat noch jederzeit die Möglichkeit besteht, einen Ehevertrag zu schließen, der auf den Hochzeitstag zurückwirkt. Es gibt also keinen Grund zur Eile. Sie sollten sich nicht zu einer vorschnellen Unterschrift verleiten lassen.

Können wir den Ehevertrag später noch ändern?

Die Ehepartner haben jederzeit die Möglichkeit, ihren Ehevertrag zu ändern oder aufzuheben. Dies funktioniert aber nur, wenn beide einverstanden sind. Gegen den Willen des Partners sind spätere Änderungen nicht erlaubt. Es ist auch nicht möglich, dass ein Partner den Ehevertrag einseitig widerruft. Nur unter engen Voraussetzungen (zum Beispiel bei arglistiger Täuschung oder Drohung bei Vertragsabschluss) kann ein Partner später den Vertrag anfechten und – falls er dies beweisen kann – den ganzen Vertrag zu Fall bringen.

Was kostet ein Ehevertrag?

Die Kosten eines Ehevertrags sind ähnlich wie die Anwaltshonorare gesetzlich geregelt. Allerdings gibt es beim Notar keinen Spielraum für Verhandlungen. Entscheidend für die Höhe der Rechnung ist das Vermögen der Ehepartner abzüglich der Schulden. Der Notar ermittelt einen Gegenstandswert für den Vertrag und liest die Gebühren aus einer gesetzlichen Tabelle ab (siehe „Kosten des Notars", S. 156).

→ Beispiel

Frank und Simone Elsen sind seit zwei Monaten verheiratet. Sie haben einen Monat vor der standesamtlichen Trauung einen vorsorgenden Ehevertrag abgeschlossen. Franks Eltern hatten den Wunsch, dass die zwei Wohnungen, die sie ihrem Sohn vor fünf Jahren im Wege der vorweggenommenen Erbfolge geschenkt hatten, beim Zugewinnausgleich im Falle einer Scheidung außen vor bleiben. Auch Wertsteigerungen, die zu erwarten sind, sollen beim Ausgleich ausgeklammert bleiben. Die zwei Eigentumswohnungen haben einen Wert von je 300 000 Euro, wobei auf einer Wohnung noch 50 000 Euro Schulden lasten. Außerdem verzichteten Frank und Simone in ihrem Ehevertrag auf nachehelichen Unterhalt, mit Ausnahme des Betreuungsunterhalts für ein unterhaltsberechtigtes Kind.

Im Übrigen blieb es bei den gesetzlichen Scheidungsfolgen, also dem Zugewinn- und Versorgungsausgleich.

Wie die Abrechnung des Notars für das Brautpaar Elsen aussehen würde, sehen Sie in der Beispielabrechnung rechts.

Der Rechtsbehelfsbelehrung am Ende der Rechnung ist zu entnehmen, dass Sie das zuständige Landgericht um Klärung bitten können, wenn Sie mit der Rechnung des Notars nicht einverstanden sind. Das Verfahren ist kostenlos. Ein Tipp: Bevor Sie das Gericht anrufen, sollten Sie sich mit Ihren Einwänden an den Notar selbst wenden. Nur wenn die Antwort nicht zufriedenstellend ausfällt, wenden Sie sich ans Gericht.

Sehr geehrte Frau Elsen,
sehr geehrter Herr Elsen,

für die Beurkundung Ihres Ehevertrages am 12.03.2015 berechne ich auf der Grundlage des Gerichts- und Notarkostengesetzes (GNotKG) folgende gesetzlich festgelegten Gebühren und Auslagen:

Beurkundungsgebühr: [1] Nr. 21100 Kostenverzeichnis GNotKG, Geschäftswert insgesamt: 555 000 Euro – Wert nach § 100 GNotKG (Güterrecht): 550 000 Euro [2] – Wert nach §§ 52, 36 GNotKG (Unterhalt): 5 000 Euro [3]	**2 190,00 €**
Dokumentenpauschale: [4] Nr. 32001 Kostenverzeichnis GNotKG	**4,00 €**
Auslagenpauschale Porto, Telefon: [5] Nr. 32005 Kostenverzeichnis GNotKG	**20,00 €**
Auslagen Grundbuchauszüge: [6] Nr. 32011 Kostenverzeichnis GNotKG	**16,00 €**
Zwischensumme (netto)	**2 230,00 €**
Umsatzsteuer: [7] Nr. 32014 Kostenverzeichnis GNotKG	**423,70 €**
Summe:	**2 653,70 €**

Bitte überweisen Sie die Rechnungssumme auf folgendes Konto: ///////////.

Rechtsbehelfsbelehrung: Gegen diese Kostenberechnung kann die Entscheidung des Landgerichts Hamburg schriftlich oder zur dortigen Niederschrift beantragt oder zunächst ein Antrag auf Überprüfung durch den Notar schriftlich bei diesem gestellt werden.

Mit freundlichen Grüßen
Unterschrift Notar

1 Die Beurkundungsgebühr richtet sich nach dem Geschäftswert.

2 Werden einzelne Gegenstände vom Zugewinnausgleich ausgenommen, wird als Geschäftswert deren Wert abzüglich darauf lastender Verbindlichkeiten angesetzt. Mindestens werden als Geschäftswert 50 Prozent des Vermögenswerts (hier der Wohnungen) ohne Berücksichtigung der Schulden angesetzt.

3 Beim Unterhaltsverzicht wird als Geschäftswert der Verzichtsbetrag angesetzt. Gibt es dafür keine Anhaltspunkte, wird als Wert 5 000 Euro angesetzt.

4 0,15 Euro pro Seite pauschal für die im Beurkundungsverfahren erteilten Kopien / Ausfertigungen.

5 Pauschale für Kosten des Notariats für das Versenden von Unterlagen und Telefonate.

6 Pauschale Auslagen für Grundbucheinsicht, hier 8 Euro/Wohnung.

7 Gesetzliche Umsatzsteuer für die Leistung des Notars.

Ist es ratsam, dass wir uns anwaltlich beraten lassen?
Ja, wegen der weitreichenden Folgen ist es ratsam, sich im Vorfeld des Notartermins bei einem Experten für Familien- und Steuerrecht beraten zu lassen. Denn Aufgabe des Notars ist es, den nach Ihren Vorstellungen entworfenen Vertrag zu beurkunden. Er zeigt Ihnen keine Gestaltungsmöglichkeiten auf und macht keine Alternativvorschläge, die besser für Sie geeignet sind. Der Notar berät Sie auch nicht zu den Steuerfolgen der Vereinbarungen. Wie Sie einen versierten Anwalt für Familienrecht finden, der auch die steuerlichen Folgen mit beleuchtet, siehe „Hilfe", S. 168.

Kosten des Notars

Die Gebühren für einen Ehevertrag sind gesetzlich festgelegt. Der Geschäftswert richtet sich nach dem Vermögen beider Ehepartner abzüglich etwaiger Schulden.

Geschäftswert	Gebühr für Ehevertrag[1]
10 000	150
30 000	250
50 000	330
80 000	438
100 000	546
150 000	708
200 000	870
500 000	1 870
750 000	2 670
1 000 000	3 470

1) zzgl. 19 % MwSt. und Auslagen

Sollten wir einen Ehe- und Erbvertrag schließen?
Nein, durch die Kombination von Ehe- und Erbvertrag sparen Sie seit der Reform des Kostenrechts 2013 keine nennenswerten Gebühren mehr. Beide Verträge in einer Urkunde zusammenzupacken hat Nachteile. Wollen Sie den Erbvertrag später ändern, können Sie Ihre frühere Fassung, die mit dem Ehevertrag verquickt ist, nicht mehr aus der amtlichen Verwahrung zurückholen. Ihre künftigen Erben erfahren also in jedem Fall, was Sie früher einmal an Überlegungen zu Ihren Erben angestellt haben. Das ist nicht immer im Sinne der Erblasser. Daher der Rat: Falls Sie einen Ehevertrag und einen Erbvertrag schließen wollen, können Sie dies zwar in einem Termin beim Notar erledigen. Achten Sie aber darauf, dass er die Verträge getrennt beurkundet.

Beispielvertrag

Doppelverdiener ohne Kinderwunsch

In einem Ehevertrag lassen sich die gesetzlichen Regeln zu den Scheidungsfolgen komplett aushebeln.

Jan Mölbert (38) und Anja Starnke (35) sind beide voll berufstätig und finanziell eigenständig und haben keinen Kinderwunsch. Nach der Heirat möchten sie rechtlich weitestgehend so gestellt bleiben wie vor der Heirat.

Verhandelt zu Köln, am 14.04.2015
Vor dem Notar Dr. Kaupert sind heute erschienen

- **Jan Mölbert,** geb. am 16.02.1977, Aachener Str. 413, 50933 Köln
- **Anja Starnke,** geb. am 10.04.1980, ebenda

Die Erschienenen beabsichtigen, in Kürze zu heiraten. Sie schließen für den Fall der Eheschließung folgenden Ehevertrag:

§ 1 Eheliches Güterrecht
Wir vereinbaren für unsere künftige Ehe den Güterstand der Gütertrennung und schließen deshalb den gesetzlichen Güterstand aus. Der Notar hat uns darauf hingewiesen, dass infolge der vereinbarten Gütertrennung der gesetzliche Zugewinnausgleich nicht stattfindet und die gesetzlichen Verfügungsbeschränkungen entfallen.

§ 2 Nachehelicher Unterhalt
Wir verzichten gegenseitig auf jeglichen nachehelichen Unterhalt, auch für den Fall der Not, und nehmen den Verzicht gegenseitig an. Der Notar hat uns darauf hingewiesen, dass infolge dieses Unterhaltsverzichts kein Ehegatte gegen den anderen bei Scheidung der Ehe Unterhaltsansprüche haben wird, und zwar auch dann, wenn er selbst für seinen Unterhalt nicht sorgen kann und auf fremde Hilfe angewiesen ist.

§ 3 Versorgungsausgleich
Wir schließen den Versorgungsausgleich aus. Der Notar hat uns über die Bedeutung und die Folgen des Ausschlusses belehrt, insbesondere darüber, dass infolge dieser Vereinbarung der vom Gesetz für den Fall der Scheidung vorgesehene Ausgleich der in der Ehezeit erworbenen Versorgungsanwartschaften nicht stattfindet.

Köln, den 14.04.2015

Anmerkung: Statt Gütertrennung wählen Paare ohne Kinderwunsch in der Praxis oft die modifizierte Zugewinngemeinschaft. Dies hat in erster Linie erbschaftsteuerliche Gründe (siehe „Die modifizierte Zugewinngemeinschaft", S. 147).

Beispielvertrag

Doppelverdiener mit Kinderwunsch

In einem Ehevertrag lassen sich die gesetzlichen Folgen einer Scheidung weitestgehend aushebeln und wieder in Kraft setzen, falls ein Paar Kinder bekommt.

Lutz Brand (33) und Maria Völcker (28) sind beide voll berufstätig und bisher finanziell eigenständig. Sie wollen die gesetzlichen Scheidungsfolgen weitestgehend außer Kraft setzen, falls es zur Trennung kommen sollte und sie dann keine gemeinsamen Kinder haben. Beide wünschen sich jedoch Kinder und haben genaue Vorstellungen über die Aufgabenverteilung in der Familie. Da Lutz deutlich weniger als seine Frau verdient und er gern kocht und Hausarbeiten erledigt, möchte er sich überwiegend um die Kinder kümmern und beruflich kürzertreten. Maria ist damit einverstanden.

Verhandelt zu Düren, am 11.02.2015
Vor dem Notar Dr. Bertram sind heute erschienen

- **Lutz Brand,** geb. am 21.04.1982, Monschauer Str. 12, 52349 Düren
- **Maria Völcker,** geb. am 05.03.1986, ebenda

und erklärten: Wir sind seit dem 20.12.2014 verheiratet und leben im gesetzlichen Güterstand der Zugewinngemeinschaft. Einen Ehevertrag haben wir bisher nicht abgeschlossen.

Zu unseren persönlichen Verhältnissen geben wir Folgendes an:

Ich, Lutz Brand, bin in einer unbefristeten Anstellung als Steuerfachgehilfe auf Vollzeitbasis beschäftigt. Mein Monatseinkommen liegt bei 1 800 Euro. Ich habe weder nennenswerte Vermögensgegenstände noch Schulden. Kinder habe ich bisher nicht.

Ich, Maria Völcker, bin angestellte Hoteldirektorin. Ich bin vollzeitbeschäftigt und habe ein Einkommen von 3 500 Euro pro Monat. Ich habe eine Lebensversicherung, die ich seit Jahren anspare, und keine Schulden. Ich habe bisher keine Kinder, eine Schwangerschaft besteht derzeit nicht.

Wir haben beide den Wunsch, eine Familie zu gründen. Falls aus unserer Beziehung Kinder hervorgehen, haben wir aus heutiger Sicht geplant, dass der Ehemann die Kinderbetreuung überwiegend übernimmt und dazu eine einjährige Babypause macht und anschließend auf Teilzeitbasis arbeitet, sofern Belange der Kinder nicht entgegenstehen und die Betreuung gesichert ist.

Wir möchten den gesetzlichen Güterstand für unsere Ehe abwandeln und für den Scheidungsfall Vereinbarungen treffen. Daher schließen wir den folgenden Ehevertrag:

§ 1 Eheliches Güterrecht
Für unsere Ehe soll grundsätzlich der gesetzliche Güterstand der Zugewinngemeinschaft gelten, allerdings mit folgender Einschränkung:

Sollte der Güterstand auf andere Weise als durch den Tod eines Ehegatten beendet werden, zum Beispiel durch Ehescheidung, soll ein Zugewinnausgleich nicht durchgeführt werden.

Der Ehemann ist berechtigt, von der Vereinbarung über den Ausschluss des Zugewinnausgleichs im Scheidungsfall zurückzutreten, wenn wir ein gemeinsames Kind bekommen und er – wie oben dargelegt – zum Zwecke der Kinderbetreuung seine Berufstätigkeit vorübergehend aufgegeben oder auf weniger als die Hälfte der wöchentlichen Regelarbeitszeit reduziert hat. Der Rücktritt muss notariell beurkundet und der Ehefrau zugestellt werden.

Der Zugewinnausgleich im Todesfall eines Ehegatten bleibt von den obenstehenden Regelungen unberührt.

§ 2 Versorgungsausgleich
Für den Fall der Scheidung unserer Ehe schließen wir den Versorgungsausgleich aus. Über die Folgen des Ausschlusses hat uns der Notar belehrt. Uns ist klar, dass im Scheidungsfall ein Ausgleich für die während der Ehe von jedem von uns erworbenen Rentenanwartschaften nicht stattfindet und jeder eigenverantwortlich für sein Alter vorsorgen muss.

Der Ausschluss des Versorgungsausgleichs wird unwirksam, wenn wir ein gemeinsames Kind bekommen und aus diesem Grund einer von uns seine Berufstätigkeit ganz oder teilweise aufgibt. Als Anfangstermin für den in diesem Fall durchzuführenden Versorgungsausgleich bestimmen wir den Monatsersten, der auf die Geburt des Kindes folgt. Für die Zeit vor der Geburt des Kindes bleibt es beim Ausschluss des Versorgungsausgleichs.

§ 3 Nachehelicher Unterhalt
Wir verzichten wechselseitig für den Fall einer Scheidung auf nacheheliche Unterhaltsansprüche in jeder Form und in jeder Lebenslage einschließlich des Falls der Not und nehmen den Verzicht gegenseitig an.

Der Unterhaltsverzicht gilt nicht, solange und soweit sich der Unterhaltsberechtigte auf den Unterhaltstatbestand der Kinderbetreuung berufen kann; in einem solchen Fall gelten die gesetzlichen Vorschriften über den Betreuungsunterhalt.

Der Notar hat uns über die Bedeutung des Unterhaltsverzichts ausführlich belehrt. Uns ist bewusst, dass jeder von uns nach einer Scheidung grundsätzlich wieder selbst für seinen Unterhalt aufkommen muss, mit Ausnahme des Anspruchs auf Betreuungsunterhalt wegen der Betreuung eines Kindes.

Düren, den 11.02.2015

Anmerkung: Es handelt sich hier um einen maßgeschneiderten Ehevertrag, der von den genauen Vorstellungen der Partner von Aufgaben- und Kinderbetreuung ausgeht. Da es im Leben am Ende manchmal anders als geplant kommt, ist es ratsam, die Klauseln allgemeiner zu halten und die Regelungen für denjenigen Partner vorzusehen, der am Ende überwiegend die Kinderbetreuung übernimmt, er oder sie.

Beispielvertrag

Heirat in einer Patchworkfamilie

Damit auch die Kinder aus früheren Beziehungen abgesichert sind, können Paare Regelungen zum Unterhalt in einem Ehevertrag vereinbaren.

Jens Meinhard (43) und Katja Timm (38) leben seit fünf Jahren mit ihren Kindern als Patchworkfamilie unter einem Dach. Jens hat aus einer früheren Ehe mit Annette zwei Söhne, Jannick (12) und Niklas (10). Katja hat aus einer früheren Beziehung mit Thorsten eine Tochter, Emma (7). Zu ihrem Vater, der in Spanien lebt und arbeitet, hat Emma keinen Kontakt, und er zahlt auch keinen Unterhalt für sie. Katja hat das alleinige Sorgerecht für Emma.

Jens, der als Unternehmensberater gut im Geschäft ist, versteht sich sehr gut mit Emma und behandelt sie wie eine eigene Tochter. Er kommt auch überwiegend für ihren Unterhalt auf. Denn Katja arbeitet in ihrem Beruf als Krankenschwester lediglich halbtags und kümmert sich im Übrigen um die drei Kinder und den Haushalt. Jens und vor allem Katja liegt es am Herzen, dass alle Kinder im Hinblick auf ihren Unterhalt gleiche Rechte gegenüber Jens haben. Dies wollen sie durch einen Ehevertrag vertraglich sicherstellen.

Verhandelt zu Düsseldorf, am 11.01.2015
Vor dem Notar Dr. Schuster sind heute erschienen:

- **Jens Meinhard,** geb. am 19.12.1971, Kasernenstr. 52, 40822 Düsseldorf und
- **Katja Timm,** geb. am 05.03.1976, ebenda

Die Erschienenen beabsichtigen, in Kürze zu heiraten. Sie schließen für den Fall der Eheschließung folgenden Ehevertrag:

§ 1 Eheliches Güterrecht
Es soll in unserer Ehe beim gesetzlichen Güterstand der Zugewinngemeinschaft bleiben, wobei das Anfangsvermögen des Ehemanns mit 80 000 Euro, das Anfangsvermögen der Ehefrau mit – 10 000 Euro festgesetzt wird. Diese Angaben entsprechen den tatsächlichen Verhältnissen bei der Eheschließung.

Im Falle einer Scheidung soll sich der Zugewinnausgleich unter Berücksichtigung des zuvor vereinbarten Anfangsvermögens berechnen.

§ 2 Versorgungsausgleich
Es soll beim gesetzlichen Versorgungsausgleich bleiben.

§ 3 Nachehelicher Unterhalt
Es soll grundsätzlich bei der gesetzlichen Regelung des nachehelichen Unterhalts bleiben, allerdings mit einer Einschränkung: Wir möchten festhalten, dass die Ehefrau derzeit lediglich auf Teilzeitbasis von 50 Prozent arbeitet, um die Kinder zu betreuen. Im Falle einer Scheidung innerhalb eines Zeitraums von fünf Jahren seit dem Abschluss des Vertrags soll sie längstens für ein Jahr Unterhalt in Höhe von 500 Euro pro Monat erhalten, sofern es ihr trotz Bemühungen nicht gelingt, eine Vollzeitstelle zu finden.

Die Befristung und Deckelung des nachehelichen Unterhalts gilt nicht, solange und soweit sich die Unterhaltsberechtigte auf den Unterhaltstatbestand der Kinderbetreuung berufen kann. In einem solchen Fall gelten die gesetzlichen Vorschriften.

§ 4 Kindesunterhalt
Der Ehemann verpflichtet sich, für das in die Ehe eingebrachte Kind der Ehefrau, Emma, geb. am 14.07.2007, wie für ein leibliches Kind zu sorgen und Unterhalt entsprechend wie für einen Verwandten gemäß § 1601 ff. BGB zu leisten. Diese Verpflichtung entfällt im Scheidungsfall mit dem Tag der Einreichung des Scheidungsantrages bei Gericht.

Düsseldorf, den 11.01.2015

Anmerkung: Durch ein gemeinschaftliches Testament, das Paare nach der Heirat errichten können, oder einen notariellen Erbvertrag (siehe „Erben selbst bestimmen“, S. 118) können sie darüber hinaus sicherstellen, dass alle Kinder der Patchworkfamilie und eventuell weitere gemeinsame Kinder als Erben gleich behandelt werden.

Beispielvertrag

Ein Partner ist verschuldet

Durch einen Ehevertrag lässt sich sicherstellen, dass der unverschuldete Partner geschützt ist und die Gläubiger nicht auf seine Sachen und die Haushaltsgegenstände zugreifen können.

Bernd Renner (44) und Simone Wiegand (43) wollen heiraten. Simone hat Pech gehabt mit ihrer früheren Selbstständigkeit und hat daraus erhebliche Schulden. Dies soll in einem Ehevertrag festgehalten werden, damit es keinen Streit gibt, falls es zur Scheidung kommen sollte. Außerdem möchte das Paar dafür sorgen, dass Gläubiger im Vollstreckungsfall nicht auf Bernds Vermögenswerte und die Haushaltsgegenstände in der gemeinsamen Ehewohnung zugreifen können. Im Übrigen soll es bei den gesetzlichen Scheidungsfolgen bleiben.

Verhandelt zu Münster, am 12.02.2015
Vor dem Notar Dr. Soergel sind heute erschienen

- **Bernd Renner**, geb. am 12.08.1970, Ludgeristr. 23, 40822 Münster und
- **Simone Wiegand,** geb. am 05.03.1971, ebenda

Die Erschienenen beabsichtigen, in Kürze zu heiraten. Sie schließen für den Fall der Eheschließung folgenden Ehevertrag:

§ 1 Eheliches Güterrecht
Es soll in unserer Ehe beim gesetzlichen Güterstand der Zugewinngemeinschaft bleiben, wobei das Anfangsvermögen des Ehemanns mit 20 000 Euro und das der Ehefrau mit –90 000 Euro festgesetzt wird. Diese Angaben entsprechen den tatsächlichen Verhältnissen bei der Eheschließung.

Im Falle einer Scheidung soll sich der Zugewinnausgleich unter Berücksichtigung des zuvor vereinbarten Anfangsvermögens berechnen.

Wir stellen fest, dass das gesamte Inventar laut der Anlage zu dieser Niederschrift der ehelichen Wohnung mit Ausnahme der persönlichen Gebrauchsgegenstände der Ehefrau im alleinigen Eigentum des Ehemanns steht. Dasselbe gilt für Haushaltsgegenstände, die an Stelle nicht mehr vorhandener oder unbrauchbar gewordener Gegenstände angeschafft werden. Auch sie werden alleiniges Eigentum des Ehemanns.

Im Übrigen ist jeweils derjenige alleiniger Eigentümer von Gegenständen, bei denen die Rechnung auf seinen Namen ausgestellt ist.

§ 2 Versorgungsausgleich
Es soll beim gesetzlichen Versorgungsausgleich bleiben.

§ 3 Nachehelicher Unterhalt
Es bleibt bei den gesetzlichen Regelungen zum nachehelichen Unterhalt.

Münster, den 12.02.2015

Anmerkung: Die Inventarliste der Wohnung sollte möglichst vollständig sein. Da es auch Jahre später noch zu Zwangsvollstreckungen kommen könnte, ist es ratsam, dass der nicht verschuldete Partner neue Möbel, Hausrat und andere Sachen für die Wohnung erwirbt. Wichtig ist, die Kaufverträge gut aufzubewahren.

Beispielvertrag

Heirat über Ländergrenzen

Hat einer der Partner nicht die deutsche Staatsangehörigkeit, sollten Entscheidungen zur Rechtswahl getroffen und in einem Ehevertrag vereinbart werden.

Alexandra Neu (24) hat vor zwei Jahren eine Au-pair-Stelle in Rom angetreten und sich dabei in **Dario Petinato (27)** verliebt. Seither ist das Paar unzertrennlich und hat bereits Nachwuchs, Sohn Sergio (1). Im Frühjahr möchten die beiden in Rom heiraten und danach nach München umziehen, weil dort Alexandras Eltern leben. Geplant ist, dass die Großeltern Sergio betreuen, damit Alexandra den Rücken frei hat, um eine Ausbildung als Logopädin zu machen. Dario hat eine Promotionsstelle an der Freien Universität München gefunden. Alexandras Eltern wünschen, dass hinsichtlich des Vermögens deutsches Recht zur Anwendung kommt. Alexandra hat von ihren Großeltern ein großes Wohn- und Geschäftshaus in Schwabing geerbt, das ihre Eltern für sie verwalten. Sie möchten sicherstellen, dass Dario im Scheidungsfall keinen Wertausgleich dafür fordern kann.

Verhandelt zu München, am 26.04.2015. Vor dem Notar Dr. Winter sind heute erschienen

- **Dario Petinato**, geb. am 02.06.1987, Via del Campo di Fiori, Roma und
- **Alexandra Neu,** geb. am 17.11.1990, ebenda

Die Erschienenen beabsichtigen, in Kürze in Italien zu heiraten. Sie erklären: Die Ehefrau ist deutsche Staatsangehörige, der Ehemann italienischer Staatsangehöriger. Der Notar hat sich davon überzeugt, dass der Ehemann fließend Deutsch spricht und versteht. Wir wollen am 12.05.2015 in Rom heiraten und haben dort derzeit unseren gemeinsamen Wohnsitz. Anschließend wollen wir nach Deutschland umziehen und unseren Wohnsitz in München begründen. Dies vorausgeschickt, schließen wir folgenden Ehevertrag:

§ 1 Eheliches Güterrecht

Für die güterrechtlichen Wirkungen unserer Ehe wählen wir hiermit das Recht der Bundesrepublik Deutschland. Wir wollen zukünftig im gesetzlichen Güterstand der Bundesrepublik Deutschland, der Zugewinngemeinschaft, leben. Für den Fall, dass unser Güterstand auf andere Weise als durch Tod eines Ehegatten endet, insbesondere durch Scheidung unserer Ehe, soll das der Ehefrau gehörende Wohn- und Geschäftshaus, Augustenstr. 12, 80333 München, aus dem Zugewinnausgleich ausgenommen werden. Wir sind uns darüber einig, dass die vorgenannten Vermögensgegenstände beim Zugewinnausgleich im Falle der Beendigung des Güterstands durch Scheidung in keiner Weise berücksichtigt werden. Der Notar hat uns darauf hingewiesen, dass er keine Haftung hinsichtlich des ausländischen Rechts übernimmt. Er kann nicht beurteilen, ob der Ehevertrag in Italien für das dortige Rechtsgebiet anerkannt wird.

München, den 26.04.2015

Anmerkung: Der deutsche Notar übernimmt in der Regel keine Haftung für ausländisches Recht. Wichtig ist es daher, sich im Ausland oder bei einem auf internationales Recht spezialisierten Anwalt im Vorfeld über die Reichweite der Vereinbarungen zu informieren.

Beispielvertrag

Heirat im Rentenalter

Ist ein Partner auf die Altersvorsorge des anderen angewiesen, sollte er sich für den Scheidungsfall in einem Ehevertrag absichern.

Heinrich Müllejans (66) und Ursula Schöller (64) sind seit fünf Jahren ein Paar. Beide sind verwitwet und haben mehrere erwachsene Kinder und bereits Enkelkinder. Ursula hat nicht gearbeitet, als die Kinder klein waren, und danach nur auf Teilzeitbasis. Sie hat nur eine kleine Rente von 530 Euro. Ihr verstorbener Mann war Angestellter. Daher erhält sie aus der gesetzlichen Rentenversicherung 1 300 Euro Witwenrente pro Monat. Diese fällt weg, wenn sie erneut heiratet. Heinrich war Staatssekretär im Auswärtigen

Amt und erhält eine Pension von 3400 Euro pro Monat. Er hat ein schuldenfreies Einfamilienhaus, in dem er mit Ursula wohnt, sowie eine vermietete Eigentumswohnung. Ursula möchte sicherstellen, dass sie im Scheidungsfall Unterhalt von Heinrich erhält.

Verhandelt zu Berlin, am 11.04.2015
Vor dem Notar Dr. Schmidt sind heute erschienen

- **Heinrich Müllejans**, geb. am 12.08.1948, Schlossstr. 123, 10785 Berlin und
- **Ursula Schöller,** geb. am 05.03.1951, ebenda

Die Erschienenen erklären: Wir sind beide verwitwet, haben Kinder und Enkelkinder und sind wirtschaftlich bisher unabhängig. Jeder von uns verfügt bislang über ein genügend hohes Einkommen, um seinen eigenen Lebensunterhalt zu bestreiten. Wir möchten Gütertrennung vereinbaren. Uns ist bewusst, dass nach der Heirat die Witwenrente der Ehefrau wegfällt und sie fortan auf den Unterhalt ihres Ehemannes angewiesen ist. Wir möchten daher eine Regelung zum nachehelichen Unterhalt treffen, die die Ehefrau bis zum Lebensende finanziell absichert. Im Übrigen soll es bei den gesetzlichen Scheidungsfolgen bleiben, die uns der Notar ausführlich erläutert hat. Daher schließen wir folgenden Ehevertrag:

§ 1 Eheliches Güterrecht
Wir vereinbaren für unsere Ehe den Güterstand der Gütertrennung und schließen deshalb den gesetzlichen Güterstand aus. Der Notar hat uns darüber belehrt, dass durch die Vereinbarung der Gütertrennung ein Ausgleich des Zugewinns bei Beendigung der Ehe, insbesondere nach einer Scheidung, nicht erfolgt. Jeder von uns ist berechtigt, über sein Vermögen im Ganzen ohne Zustimmung des anderen frei zu verfügen.

§ 2 Nachehelicher Unterhalt
1. Der Ehemann verzichtet einseitig auf Unterhaltsansprüche für die Zeit ab Rechtskraft der Scheidung gegenüber seiner Ehefrau. Die Ehefrau nimmt den Verzicht hiermit an.
2. Der Ehefrau soll für den Fall der Scheidung ein nachehelicher Unterhaltsanspruch gegenüber dem Ehemann i. H. ihrer bisherigen Rente von 1300 Euro pro Monat zustehen. Der Unterhaltsanspruch ist unbefristet und erlischt lediglich bei Wiederheirat und im Todesfall.

Berlin, den 11.04.2015

Anmerkung: Durch einen zusätzlichen Erbvertrag können Heinrich und Ursula zugunsten ihrer jeweils leiblichen Kinder sicherstellen, dass der überlebende Ehepartner im Todesfall seines Partners weder einen Erb- noch Pflichtteilsanspruch hat. Zu raten ist dem Paar, dass Heinrich seiner Frau ein lebenslanges Wohnrecht in seinem gemeinsam genutzten Haus einräumt, damit Ursula im Falle von Heinrichs Tod nicht aus dem Haus ausziehen muss. Ohne eine entsprechende Regelung könnten seine Kinder als seine Erben darauf pochen.

Beispielvertrag

Heirat eines Unternehmers

Hat einer der Partner eine Firma, sollte diese in jedem Fall durch einen Ehevertrag abgesichert werden.

Reinhard Hans (30) hat vor einem Jahr die alteingesessene Bäckerei seiner Eltern übernommen. Er und seine Freundin **Frida Müller (26)**, die als Verkäuferin im Geschäft arbeitet, wollen heiraten und eine Familie gründen.

Reinhard hat neben der Bäckerei von seinen Eltern ein Mietshaus im Wege der vorweggenommenen Erbfolge übertragen bekommen. In einer der Wohnungen lebt er seit zwei Jahren mit Frida. Seine Eltern freuen sich über die Heirat, pochen aber auf einen Ehevertrag, damit der von ihnen aufgebaute Betrieb und das übertragene Mietshaus im Fall einer Scheidung geschützt werden. Frida ist mit entsprechenden Vereinbarungen einverstanden, möchte allerdings für den Scheidungsfall gut abgesichert werden.

Verhandelt zu Ascheberg, am 02.06.2015. Vor dem Notar Dr. Sonne sind heute erschienen

- **Reinhard Hans,** geb. am 24.01.1985, Albert-Koch-Str. 32, 59387 Ascheberg und
- **Frida Müller,** geb. am 22.09.1988, ebenda

Die Erschienenen beabsichtigen, in Kürze zu heiraten. Sie schließen für den Fall der Eheschließung folgenden Ehevertrag:

§ 1 Eheliches Güterrecht
Wir schließen die gesetzliche Regelung gemäß § 1365 BGB, nach der ein Ehegatte nur mit Einwilligung des anderen über sein Vermögen im Ganzen verfügen kann, aus.

Im Scheidungsfall soll der Zugewinnausgleich mit folgender Einschränkung nach Maßgabe der gesetzlichen Bestimmungen durchgeführt werden:

Für den Fall, dass unser Güterstand anders als durch den Tod eines Ehegatten endet, insbesondere durch Ehescheidung, sollen folgende Vermögensgegenstände aus dem Zugewinnausgleich ausgenommen werden:

1. Das Einzelunternehmen des Ehemannes, das derzeit unter dem Namen „Bäckerei Hans" in Ascheberg firmiert.

2. Das mit einem Mietshaus bebaute Grundstück des Ehemannes, Albert-Koch-Str. 32, 59387 Ascheberg.

Die vorgenannten Vermögensgegenstände sollen beim Zugewinnausgleich im Falle der Beendigung des Güterstands durch Scheidung in keiner Weise berücksichtigt werden. Änderungen der Rechtsform oder beim Namen des Unternehmens sowie Aufspaltungen in mehrere Firmen führen nicht dazu, dass das oder die Unternehmen beim Zugewinnausgleich berücksichtigt werden.

Im Übrigen bleibt es beim gesetzlichen Güterstand der Zugewinngemeinschaft.

§ 2 Absicherung und Versorgungsausgleich

Der Ehemann ist verpflichtet, seine künftige Frau während der gesamten Dauer der Ehe weiter in seinem Unternehmen als Verkaufsleiterin oder in einer vergleichbaren Position sozialversicherungspflichtig zum üblichen Entgelt zu beschäftigen.

Es soll bei den gesetzlichen Regelungen zum Versorgungsausgleich bleiben. Der Ehemann verpflichtet sich, durch den Abschluss einer privaten Rentenversicherung sicherzustellen, dass für beide Ehepartner angemessene Ansprüche für die Altersvorsorge entstehen.

§ 3 Nachehelicher Unterhalt

1. Der Ehemann verzichtet gegenüber seiner Ehefrau einseitig auf Unterhaltsansprüche für die Zeit ab der Rechtskraft der Scheidung. Diesen Verzicht nimmt die Ehefrau an.

2. Der Ehefrau soll für den Scheidungsfall ein nachehelicher Unterhaltsanspruch gegenüber dem Ehemann nach folgenden Bestimmungen zustehen:

Die Ehefrau erhält ab der Rechtskraft der Scheidung gerechnet nach dem heutigen Geldwert für vier Jahre 2 500 Euro Unterhalt pro Monat. Für die Zeit nach Ablauf der vier Jahre verzichtet die Ehefrau auf nacheheliche Unterhaltsansprüche gegenüber ihrem Ehemann. Der Ehemann nimmt diesen Verzicht an.

Der Unterhaltsanspruch erlischt bereits vor Ablauf der vier Jahre ab dem Datum der Wiederheirat der Ehefrau.

Eine zeitliche Begrenzung und die Deckelung auf 2 500 Euro Unterhalt pro Monat gelten nicht, wenn der Ehefrau ein Unterhaltsanspruch wegen Betreuung eines Kindes gemäß § 1570 BGB zusteht. Der Unterhaltsanspruch besteht in jedem Fall so lange, wie die gesetzlichen Voraussetzungen für Betreuungsunterhalt vorliegen.

Ascheberg, den 02.06.2015

Anmerkung: Ein Ehevertrag, bei dem Vermögen eines Partners beim Zugewinnausgleich ausgeklammert wird, ist auch ratsam, wenn ein Partner über Vermögen verfügt, der andere nicht. Wenn der Wunsch besteht, dass das Vermögen im Erbfall in der eigenen Herkunftsfamilie bleibt, sollten die Paare neben dem Ehevertrag ein Testament machen oder einen Erbvertrag abschließen. Wichtig dabei ist, den Ehepartner, der kein eigenes Vermögen hat, ausreichend abzusichern.

Hilfe

1 **Adressen**
Wie finde ich einen guten Anwalt? Woher bekomme ich weitere Informationen? Hier erhalten Sie eine Schritt-für-Schritt-Anleitung zur Anwaltssuche und nützliche Internetadressen.

2 **Fachbegriffe erklärt**
Was bedeutet noch mal „Gegenstandswert", was „Zugewinngemeinschaft"? Die zentralen rechtlichen Begriffe rund um die Heirat finden Sie hier kurz erläutert.

3 **Stichwortverzeichnis**
Von „Abstammungsurkunde" bis „Zuverdienerehe" – in unserem ausführlichen Stichwortverzeichnis können Sie nachschlagen, wenn Sie nach bestimmten Themen im Buch suchen.

Adressen

Einen guten Anwalt finden

Die Heirat ist nicht nur der Beginn eines neuen Lebensabschnitts, sie löst auch eine Reihe von Rechts- und Steuerfolgen aus. Vielleicht ist es in Ihrem Fall ratsam, einen Ehevertrag abzuschließen? Haben Eltern, Schwiegereltern und Verwandte angekündigt, Sie finanziell zu unterstützen, wenn Sie sich ein Eigenheim anschaffen? Oder wollen sie Ihnen einen Bauplatz schenken? In all diesen Fällen sollten Sie vorsichtshalber Expertenrat einholen, am besten von einem Fachanwalt im Familienrecht, der sich auch im Steuerrecht auskennt. Eine allgemeine Erstberatung kostet maximal 190 Euro zuzüglich Umsatzsteuer. So gehen Sie bei der Suche vor:

1. In Ihrem Umfeld fragen: Erkundigen Sie sich bei Freunden, Verwandten und Bekannten nach einem Anwalt, mit dem sie gute Erfahrungen gemacht haben. Wichtig ist aber, dass Sie dabei auf das Fachgebiet des Anwalts achten. Ein Mietrechtsexperte muss sich nicht unbedingt im Familienrecht auskennen.
Tipp: Hinterfragen Sie daher jede Empfehlung kritisch. Welchen Eindruck macht die Homepage des Anwalts? Wie lange ist er schon zugelassen? Hat er den Titel „Fachanwalt für Familienrecht"? Falls er diesen Titel hat, können Sie davon ausgehen, dass

er über Praxiserfahrung und theoretische Kenntnisse auf dem Gebiet verfügt. Außerdem ist er verpflichtet, sich regelmäßig im Familienrecht fortzubilden. Das sind zumindest gewisse Indizien, die für ihn sprechen. Ein Fachanwalt kostet übrigens auch nicht mehr als ein Anwalt ohne Zusatztitel.

2. Rechtsschutzversicherung kontaktieren: Sofern Sie eine Rechtsschutzversicherung haben, können Sie bei Ihrem Versicherungsunternehmen nach einem versicherten Anwalt in Ihrer Nähe fragen. Die meisten Versicherungen übernehmen die Kosten für eine Erstberatung

3. Auf eigene Faust im Internet suchen: Dagegen spricht grundsätzlich nichts. Wie sieht die Homepage aus? Wie stellt der Anwalt sich und seine Leistungen dar? Wichtig zu wissen: Niemand überprüft die Angaben, die ein Anwalt im Internet über sich, seine Kenntnisse und Fähigkeiten verbreitet.

4. Professionellen Suchservice einschalten: Sie haben auch die Möglichkeit, telefonisch oder elektronisch einen speziellen Anwalt-Service einzuschalten, der Ihnen bei der Suche behilflich ist. Die örtlichen Anwaltskammern (Link über www.brak.de) nennen Ihnen bis zu drei Anwälte mit Schwerpunkt Familien- und Steuerrecht.

Nützliche Internetadressen

www.bnotk.de
Die Bundesnotarkammer bietet einen Link „Notarsuche", über den Sie einen Notar in Ihrer Nähe finden können. Außerdem erhalten Sie nützliche Informationen zu den Rechtsfolgen nach der Heirat, Eheverträgen sowie zu der Berechnung der Gebühren des Notars.

www.familienanwaelte-dav.de
Auf der Seite der Arbeitsgemeinschaft Familienrecht des Deutschen Anwaltvereins können Sie Informationen zum Ehe- und Familienrecht finden.

www.familienratgeber-nrw.de
Das Ministerium für Familie, Kinder, Jugend, Kultur und Sport in Nordrhein-Westfalen hält auf seiner Homepage nützliche Informationen über Eheschließung, Patchworkfamilien und binationale Ehen bereit.

www.konsularinfo.diplo.de
Das Auswärtige Amt in Berlin hat Informationen rund um die Heirat eines Deutschen und eines Ausländers in Deutschland sowie Heiraten im Ausland zusammengestellt. Der „Bürgerservice" bietet die Möglichkeit, Fragen zu stellen.

Fachbegriffe erklärt

Betreuungsunterhalt. Bei Trennung und Scheidung kann der Elternteil, der ein Kind unter drei Jahren in seinem Haushalt betreut, neben dem Kindesunterhalt vom anderen Elternteil Betreuungsunterhalt für sich fordern. Über das dritte Lebensjahr des Kindes hinaus besteht der Anspruch jedoch nur noch, wenn der betreuende Elternteil besondere Gründe anführen kann, die gegen die Aufnahme einer Erwerbstätigkeit sprechen.

Gegenstandswert. Danach bemessen Anwälte und Notare ihre Honorare. Je höher der Gegenstandswert, desto höher sind die Gebühren. Bei einem notariellen Ehevertrag, mit dem beispielsweise Gütertrennung vereinbart wird, ist der Gegenstandswert das Gesamtvermögen beider Partner abzüglich der Schulden. Die Gebühren für den jeweiligen Gegenstandswert können aus einer Tabelle abgelesen werden (siehe „Kosten des Notars", S. 156).

Gesetzliche Erbfolge. Diese gilt automatisch, wenn kein Testament vorliegt. Danach erbt der Ehegatte stets einen Anteil, wenn sein Partner verstirbt. Wie hoch dieser ist, hängt vom Güterstand und davon ab, ob das Ehepaar Kinder hat. Lebt das Paar im gesetzlichen Güterstand der Zugewinngemeinschaft, erbt der überlebende Ehegatte neben Kindern die Hälfte des Vermögens, wenn sein Partner stirbt.

Gütertrennung. Das ist ein Güterstand, den Eheleute zu Beginn oder während der Ehe in einem notariellen Ehevertrag vereinbaren können. Sie werden dann hinsichtlich ihres Vermögens so behandelt, als ob sie nicht geheiratet hätten. Das heißt: Was einem Partner zu Beginn der Ehe gehört und was er während der Ehe hinzuerwirbt, ist und bleibt sein Eigentum. Kommt es zur Trennung und Scheidung, findet ein Ausgleich des in der Ehe hinzuerwirtschafteten Vermögens nicht statt. In der Praxis wählen Eheleute aus steuerlichen Gründen statt strikter Gütertrennung eher eine modifizierte Form der Zugewinngemeinschaft.

Nachehelicher Unterhalt. Das sind gegenseitige Unterhaltsansprüche der Ehegatten nach der Scheidung. Grundsatz: Nach einer Scheidung ist jeder Partner wie vor der Heirat wieder selbst für seinen Unterhalt verantwortlich. Nur wenn ein Partner aus ehebedingten Gründen weniger verdient, kann er vom anderen ausnahmsweise Unterhalt fordern (anders in der Trennungszeit). Das kann zum Beispiel der Fall sein, wenn ein Partner gemeinsame Kinder betreut und daher beruflich zurückgesteckt hat. In einem Ehevertrag können die Partner wechselseitig auf nachehelichen Unterhalt für den Fall der Scheidung verzichten.

Pflichtteil. Wenn ein Ehegatte seinen Partner per Testament oder Erbvertrag enterbt, steht dem Überlebenden ein Pflichtteilsanspruch zu. Dieser beträgt die Hälfte des gesetzlichen Erbanteils. Bei einem Ehepaar mit Kindern, das in Zugewinngemeinschaft lebt, beträgt der Pflichtteilsanspruch ein Viertel (siehe Beispiel oben zur „Gesetzlichen Erbfolge").

Splittingtarif. Das ist der Steuertarif, von dem viele Ehepaare ab dem Jahr der Heirat profitieren. Dabei gilt: Je größer der Unterschied bei den Einkommen der Partner, desto größer der Steuervorteil durch den Splittingtarif. Kommt es zur Trennung, gilt er letztmalig im Trennungsjahr. Den Splittingtarif erhalten Ehepartner, indem sie gemeinsam eine Steuererklärung abgeben und auf dem Mantelbogen die Zusammenveranlagung ankreuzen.

Versorgungsausgleich. Dieser wird meist automatisch vom Gericht durchgeführt, wenn es zur Scheidung kommt, sofern die Ehe länger als drei Jahre bestanden hat. Dabei werden die während der Ehe entstandenen Rentenansprüche zwischen den Partnern ausgeglichen. Derjenige, der höhere Ansprüche als sein Expartner erworben hat, muss die Hälfte davon an den anderen abtreten. Erst mit Eintritt der Rente profitiert der andere Partner durch eine höhere Rentenzahlung. Hinter dem Versorgungsausgleich steckt der Grundgedanke, dass derjenige Partner, der in der Ehe zugunsten der Familie auf Job und Karriere verzichtet, im Alter nicht schlechter dastehen soll als derjenige, der voll berufstätig ist. In einem notariellen Ehevertrag können die Partner für den Scheidungsfall auf den Versorgungsausgleich verzichten.

Versorgungsehe. Heiraten Paare, wenn ein Partner bereits todkrank ist, und stirbt dieser dann innerhalb eines Jahres, spricht man von einer Versorgungsehe. In solchen Fällen besteht kein Hinterbliebenenschutz des überlebenden Partners aus der gesetzlichen Rentenversicherung, Beamtenversorgung und berufsständischen Versorgungswerken.

Zugewinngemeinschaft. Das ist der gesetzliche Güterstand, in dem Ehepaare automatisch leben, wenn sie keinen Ehevertrag mit einer anderen Regelung zum Güterstand haben (zum Beispiel Gütertrennung). Zugewinngemeinschaft heißt, dass alles, was die Ehepartner einzeln oder gemeinsam in der Ehe als Vermögen hinzugewinnen, rechnerisch auf beide Köpfe entfällt. Bedeutsam wird der Güterstand im Scheidungsfall. Dann wird das während der Ehe geschaffene Vermögen im Rahmen des Zugewinnausgleichs gleichmäßig auf beide Partner verteilt. Sie können die Zugewinngemeinschaft in einem Ehevertrag nach Ihren Wünschen abwandeln. Dann spricht man von einer modifizierten Zugewinngemeinschaft.

Stichwortverzeichnis

F

G

H

I

J

K

T

U

V

W

Z

Stiftung Warentest
Lützowplatz 11–13
10785 Berlin
Telefon 0 30/26 31–0
Fax 0 30/26 31–25 25
www.test.de
email@stiftung-warentest.de

USt.-ID-Nr.: DE 1367 25570

Vorstand: Hubertus Primus
Weitere Mitglieder der Geschäftsleitung:
Dr. Holger Brackemann, Daniel Gläser

Programmleitung: Niclas Dewitz

Autorin: Ruth Bohnenkamp
Projektleitung/Lektorat: Ursula Rieth
Mitarbeit: Karsten Treber

Korrektorat: Christoph Nettersheim
Fachliche Beratung: Nicole Hofmann, Rechtsanwältin Berlin, Sabine Baierl, Beate Bextermöller, Annegret Jende, Karin Kuchelmeister, Susanne Meunier, Michael Nischalke, Uwe Rauhöft, Werner Siepe sowie Dr. Thomas Diehn, Notar Hamburg, Jan Peterßen, Notar Düren, Dr. Thomas Wachter, Notar München
Titelentwurf: Josephine Rank, Berlin
Layout: Büro Brendel, Berlin
Grafik, Satz, Bildredaktion: Büro Brendel, Berlin
Bildnachweis: Getty images/Tetra images Vstock LLC (Titel); Fotolia (S. 3, 30, 50, 54, 61, 64, 89, 106); photocase (S. 2, 17, 25, 81, 95, 99, 117, 128); Postbank/BHW Bausparkasse (S. 92); Thinkstock (S. 2, 3, 10, 18, 36, 47, 52, 76, 86, 114, 130, 137, 140)
Infografiken: Mario Mensch, Hamburg

Produktion: Vera Göring
Verlagsherstellung: Rita Brosius (Ltg.), Susanne Beeh
Litho: tiff.any, Berlin
Druck: BGZ Druckzentrum GmbH, Berlin

ISBN: 978-3-86851-361-5